LOS SECRETOS DEL HOMBRE MÁS RICO DEL MUNDO
CARLOS SLIM

José Martínez

LOS SECRETOS DEL HOMBRE MÁS RICO DEL MUNDO
CARLOS SLIM

OCEANO exprés

Fotografía de Carlos Slim: David Ross

**LOS SECRETOS DEL HOMBRE MÁS RICO DEL MUNDO
CARLOS SLIM**

© 2011, José Martínez

D.R. © Editorial Océano de México, S.A. de C.V.
Blvd. Manuel Ávila Camacho 76, 10º piso
Col. Lomas de Chapultepec
Miguel Hidalgo, C.P. 11000, México, D.F.
Tel. (55) 9178 5100 • info@oceano.com.mx

Primera edición en Océano exprés: 2011

ISBN: 978-607-400-595-0

Impreso en México / Printed in Mexico

ÍNDICE

△

INTRODUCCIÓN

△

Retrato del poder

Para unos Carlos Slim Helú es un enigma. Para otros es todo menos eso. Al magnate se le mira con lupa. Sobre él recaen los reflectores. Mucho antes de que fuera investido por la revista *Forbes* como el más rico del planeta, Slim era ya una de las voces más escuchadas y respetadas en los círculos del poder y del dinero. En muchas partes del mundo lo ven como un hombre de éxito, y en el futuro seguirá siendo un símbolo para las nuevas generaciones de emprendedores.

Pero Slim no es de los que alimentan el estereotipo que asocia el éxito con el dinero: él ha logrado un inusitado reconocimiento social no sólo por su liderazgo empresarial, sino por su sensibilidad humana. Para el ingeniero el éxito "no es sólo triunfar en los negocios": la palabra *éxito* implica valores y principios, y no necesariamente significa obtener un resultado favorable en lo material.

Algunos expertos en desarrollo personal advierten que el éxito tiene sus secretos. Por ejemplo, los hombres de éxito tienen la cualidad de la persuasión y la seguridad al hablar en público; organizan sus pensamientos y los plasman con claridad al escribir un discurso; son organizados

11

y productivos, innovadores y creativos; tienen pensamiento crítico para analizar y evaluar la información; saben escuchar y saben tomar decisiones, así como responder a preguntas con rapidez y eficacia; tienen la habilidad para hacer estimaciones precisas y trabajar con cifras en la cabeza; saben leer productivamente y utilizar esos conocimientos de manera eficaz; son relajados y enfrentan con agudeza e ingenio cualquier tipo de crisis; saben cómo abrazar a un hijo y cómo realizar un seguimiento y registro de sus gastos y de los ingresos que no son vitales para sobrevivir sino para prosperar.

Desde muy joven Carlos Slim hizo notar los rasgos de su personalidad, lo que le ha permitido un mayor conocimiento de sí mismo. Su intuición para los negocios puso de manifiesto que desde temprano contaba con mucha sensibilidad y capacidad de análisis, lo que le permitió ganar en madurez al asumir las responsabilidades propias. Esto lo llevó a adoptar una forma más libre y congruente de ejercer el liderazgo en sus negocios.

El escritor Héctor Aguilar Camín tiene su propia percepción sobre Carlos Slim Helú:

Lo que nos hace falta es cambiar el "chip" mental nacional. Modificar óptica. En lugar de combatir pobreza aspirar a crear riqueza. Propiciar el bienestar familiar.

Aquí necesitamos "Creadores de riqueza". México hoy vive la segunda generación de "Combatidores de pobreza". La primera desarrolló el Coplamar del presidente López Portillo. Felipe Calderón encabeza la que instrumenta Oportunidades.

Contamos con pocos "Creadores de riqueza". Necesitamos cincuenta como Carlos Slim. Quizá mejor cien como Carlos Slim. ¿Te imaginas a México con doscientos hacedores de riqueza como Carlos Slim? ¡Sería un país fantástico!

¡Es hora —dijo Héctor Aguilar Camín en una memorable entrevista con el periodista Miguel Reyes Razo— de que México sea el país ballena que puede ser, y no el minúsculo ajolote que se cree! ¡Ya es tiempo de tener un país próspero!

Gran cosa sería que la demanda de prosperidad se instalara entre nosotros como la de democracia en los ochenta y noventa del siglo anterior.

Si así ocurriera, los gobiernos se verían obligados a responder a esa demanda. México debe verse a sí mismo como una nación desarrollada. País próspero. Y equitativo. Y democrático.

Con buenas decisiones una generación de mexicanos haría la transformación. Decisiones correctas. Dejar atrás discusiones empecinadas para hacer bien las cosas.

Y abrir la economía a la competencia. Ampliar, profundizar nuestras relaciones con Estados Unidos.

Crear el Sistema de Seguridad Social Universal. Cobrar impuestos serios, justos. Invertir bien en educación. Lo mismo que en seguridad. Se trata de resolver nuestros problemas. Aplicar justicia. Mejorar la rendición de cuentas. Combatir la corrupción...

Encuentros y desencuentros. Para tener una idea de la percepción que tiene la gente sobre Carlos Slim habría que sopesar lo que dicen las encuestas, pues en todos los círculos sociales Carlos Slim está en el debate. Unos y otros hablan de él con pasión. En ese sentido una encuesta de María de las Heras reveló la percepción que los mexicanos tienen del magnate. Los resultados de la encuesta revelaron que 60% considera que Carlos Slim debe ser un ejemplo a seguir.

De acuerdo con dicho reporte, la opinión pública no termina por definirse: están los que consideran que la fortuna del ingeniero Carlos Slim es producto del esfuerzo y visión del empresario, y los que piensan que se ha colocado como el hombre más rico del mundo a costa de cosechar favores y protección del gobierno mexicano.

Para algunos, su fortuna es producto de las dos vertientes; sin duda es un empresario con visión que ha sabido aprovechar como pocos los "favores" (oportunidades) que ha recibido del gobierno mexicano.

Como quiera que sea, son más los que tienen una imagen positiva de él que los que confiesan tener una mala opinión del ingeniero.

Debería ser un ejemplo para los niños, opinan seis de cada diez personas entrevistadas, aunque paradójicamente una proporción similar dice que tener un mexicano encabezando la lista de *Forbes* no tendría por qué ser motivo de orgullo para México.

María de las Heras opina a ese respecto:

...claro que estas opiniones las hemos recogido a través de una encuesta telefónica y lo que piensan los más desfavorecidos no está debidamente representado en la muestra.

De todas formas es curioso cómo nos quejamos constantemente del abuso en las tarifas telefónicas, en lo costoso y malo que es el servicio de internet que tenemos y también protestamos por lo mucho que pagamos por un servicio de telefonía móvil que está lejos de ser de los mejores del mundo. Y, sin embargo, cuando pedimos a la gente que nos dé su opinión sobre la persona de Slim —por todos sabido prestador de tan mal valorados servicios—, entonces alrededor de seis de cada diez confiesan

14

tener muy buena o buena opinión de él; es decir, que los servicios que presta y de los cuales proviene su fortuna pensamos que dejan mucho que desear, pero de Slim como persona... ¡ah! él es un encanto.

Estoy segura de que en México hay muchos hombres y mujeres que han demostrado que son talentosos y esforzados; pero a la cima sólo llegan los más vivos y no necesariamente los mejores.

Somos una sociedad que premia el gandallismo, la simulación y las complicidades antes que el esfuerzo, el talento, la lealtad y la constancia. Eso como sociedad es nuestra culpa, y en ello llevamos también nuestra penitencia.

En otra encuesta de María de las Heras sobre la televisión de paga, 53% opina que solamente con un competidor del tamaño del señor Slim se podrá romper el duopolio que tienen sobre la oferta televisiva Televisa y TV Azteca. El mismo porcentaje no encuentra ningún peligro en que, además de contar con Telmex y Telcel, el multimillonario incursionara en el mundo de la televisión de paga; por el contrario, la mayoría considera que tomando en cuenta cómo hace sus negocios el señor Slim, seguramente el servicio que proporcionaría sería mejor que aquel con el que hoy contamos.

Seis de cada diez mexicanos quieren a Slim en el mundo de la televisión, pero para el 55%, el presidente Felipe Calderón ya tomó partido en favor de Televisa y TV Azteca y, por ende, en contra de Slim. Mala señal envía el mandatario a un público en el que 67% asegura tener buena o muy buena opinión del empresario multimillonario.

Consciente del papel que entraña el ser considerado el hombre más rico del mundo, Carlos Slim define las tareas en las que está trabajando:

Mi prioridad es crear el capital físico y humano en los países de Latinoamérica. Ése es mi reto. Eso es lo que más me interesa en este momento. Busco que haya salud, nutrición, educación, trabajo e infraestructura. Esto último significa más y mejores obras: aeropuertos, puertos, caminos, carreteras, plantas de energía, telecomunicaciones, etcétera. Y en este rubro también incluyo casas para los que no tienen dónde vivir.

En lo social también se enfrenta al desafío de la pobreza:

Creo que la pobreza no se puede enfrentar a través de dádivas. No puedes luchar contra este flagelo mediante donaciones deducibles de impuestos o con programas sociales. La pobreza la enfrentas sólo con una buena educación y con puestos de trabajo. El empleo es la única forma de luchar contra la pobreza y, en el pasado, el tema de la pobreza era un asunto ético, moral, de justicia social. Hoy, en esta nueva civilización, la lucha contra este problema se ha convertido en una necesidad de desarrollo. Si no enfrentamos a la pobreza ningún país se va a desarrollar. En el pasado había esclavos, luchas por la tierra y, al final, la gente trabajaba para nada. Ahora no necesitamos tanto del esfuerzo físico; lo que se requiere, sobre todo, es esfuerzo mental y el desarrollo de nuestras habilidades. Para eso es necesario contar con una mejor educación y con capital humano. De eso estoy convencido y para eso estoy trabajando.

I. En busca del paraíso

△

El regreso al origen

Cuando Carlos Slim ascendió a la cúspide de los hombres más ricos del mundo visitó el Líbano. Pasaron muchos años para que pisara la tierra de sus antepasados. En marzo de 2010, al llegar a Jezzine, el pueblo natal de sus pa, entre diversas emociones encontradas prevaleció la alegría y el orgullo.

Cuando era apenas un niño, Julián Slim Haddad, su padre, partió de ese lugar hace más de cien años. Solitario, desde la cubierta de un barco, el chiquillo se despidió de sus padres: Gantus Slim y Nour Haddad. En esos momentos lo invadía la tristeza; pronto dejaría para siempre a sus padres y a su tierra natal. El pequeño partía contra su voluntad, pero la guerra estaba diezmando a la patria que lo vio nacer. Esos recuerdos de los que le platicaba don Julián a Carlos Slim, regresaron a la mente del ingeniero Slim convertido ahora en el hombre más rico del mundo.

De esas tierras partió su padre antes de cumplir los quince años de edad. Emigró al igual que sus hermanos mayores José, Elías, Carlos y Pedro, quienes emigraron antes, todos huyendo de la guerra. Viajaron una distancia de 12,500 kilómetros equivalentes a 6,700 millas náuticas para llegar a México e ingresar por el puerto de Veracruz. Se encontrarían en un país lejano con una cultura y costumbres diferentes, pero con una historia parecida, marcada por la inestabilidad generada por conflictos políticos y sociales.

Para Slim fue como un viaje en el tiempo. Al frente de una numerosa comitiva, el hombre más rico del mundo, hijo de un inmigrante libanés, fue recibido por los notables de la ciudad, quienes aguardaban expectantes su llegada a la tierra de sus antepasados. El presidente Michel Sleiman reconoció su trayectoria empresarial y le agradeció "poner muy en alto el nombre de Líbano en todo el mundo".

"El que no tenga un amigo libanés... ¡que lo busque!", expresó en alguna ocasión el expresidente Adolfo López Mateos. En este sentido, Slim siempre ha estado dispuesto a hacer amigos en todas partes del mundo.

En Jezzine, orgulloso de su origen, visitó la casa de sus antepasados y el mausoleo de su familia donde rezó. Poco antes había sido recibido por el patriarca maronita Nasralá Sfeir. De hecho, acudió a la tierra de sus mayores por invitación de la Fundación maronita. Además, sería condecorado con la Orden de Oro del Mérito Libanés por el presidente de la república, y se entrevistaría con el primer ministro Saad Hariri y el presidente del Congreso libanés, Nabih Berri.

Durante esa visita analizó posibles inversiones en la región e instó a los libaneses a mejorar el horizonte de los jóvenes, en especial de Jezzine, lugar donde su padre, don Julián Slim Haddad, nació y vivió hasta que tuvo que abandonar el terruño en busca de nuevos horizontes.

De aquel éxodo emprendido por los primeros Slim han transcurrido casi ciento veinte años y, desde entonces, ya son cuatro las generaciones nacidas en México. El patriarca de esta familia, don Julián, llegó al país en 1902, con apenas catorce años de edad y tan pronto como lo hizo empezó a trabajar. Su nueva vida inició a lado de sus otros hermanos un poco mayores que él, Elías, Carlos y Pedro, quienes habían arribado en 1898, cinco años después que José, quien era trece años mayor que Julián Slim Haddad, fue el primero en pisar tierra mexicana en 1893.

El Líbano o República Libanesa, como oficialmente se le conoce, es un país de Oriente Próximo que limita al sur con Israel, al norte y al este con Siria, y está bañado por el mar Mediterráneo al oeste. Por su ubicación, sus riquezas naturales y su sistema financiero llegó a ser conocido como "la Suiza de Oriente". No obstante, las guerras internas y externas terminaron por hundirlo en constantes crisis, aunque en los últimos años ha ido recuperando cierta estabilidad.

Jezzine, la tierra de los antepasados de Carlos Slim, es una ciudad situada a cuarenta kilómetros al sur de Beirut, la capital del país. Es el principal centro turístico de verano y es famosa por tener el mayor campo de pinos en el Oriente Medio. Sus habitantes son principalmente seguidores de la Iglesia católica maronita y melquita griega.

El nombre, Jezzine, deriva del arameo (siríaco), y significa "depósito" o "tienda". Al respecto, muchos historiadores creen que Jezzine sirvió como un lugar de acopio comercial debido a su ubicación estratégica en la ruta de las caravanas que llegaba a la antigua ciudad portuaria de Sidón, en el Mediterráneo.

Sobre sus orígenes Carlos Slim Helú recuerda:

Mis antepasados paternos y maternos llegaron a México hace más de cien años huyendo del yugo del imperio otomano. En aquel entonces los jóvenes eran forzados por medio de la leva a incorporarse al ejército, por lo cual las madres exiliaban a sus hijos antes de que cumplieran quince años.

Así llegaron los Slim a territorio mexicano, como miles de libaneses que arribaron al país por tres puertos: Tampico, Progreso, y Veracruz. Salieron en busca de fortuna y mediante trabajo y empeño alcanzarían su meta muchos años después.

Los primeros ricos

A finales del siglo XIX y principios del siglo XX en México había cuarenta y cuatro fortunas que superaban el millón de pesos, y entre los más ricos había nueve españoles, dos estadunidenses y detrás de éstos un alemán y un francés. En esos tiempos los tres hombres más ricos del país eran los españoles Avelino Montes Molina e Íñigo Noriega Laso y el estadunidense Thomas Braniff.

Justo en esa época los libaneses se establecieron a lo largo y ancho del territorio mexicano. En todas partes abrieron sus primeros tendajones para expender las más variadas mercancías y establecer la compra en pequeños abonos o líneas de crédito para sus clientes.

México era el paraíso, lo mismo para personas emprendedoras que para aventureros. Y así como los libaneses tenían reputación de emprendedores, algunos españoles tenían muy mala fama, como el asturiano Íñigo Noriega Lazo, quien se había ganado a pulso esa reputación, no obstante, tenía a su favor la amistad y el apoyo de Porfirio Díaz.

La historia de ese personaje *sui generis* tiene mucho de leyenda. Se dice que comenzó como cantinero en un negocio de su suegro y terminó por convertirse en uno de los más grandes hacendados del país que, incluso, llegó a poseer la mitad del territorio mexicano y más de una veintena de hijos. Son muchas las historias sobre este hombre que llegó a ser considerado el más rico de México durante el porfiriato.

De acuerdo a sus datos biográficos, en 1880 don Íñigo creó la sociedad Remigio Noriega y Hermano, en la que el segundo aparecía al frente de los negocios y don Íñigo como apoderado. La sociedad inició con un capital de cien mil pesos con los cuales compraron la herencia de Manuel Mendoza Cortina, la cual incluía la mina de plata de Tlalchichilpa, las haciendas "Maplastán" y "Coahuixtla", crédito del ferrocarril de Morelos, existencias de azúcar y aguardiente, y diversas casas en las ciudades de México y Toluca. Posteriormente adquirieron grandes fincas en Chihuahua y Tamaulipas; la finca "La Sauteña", la mayor de los estados de Morelos y Tlaxcala, tenía una extensión de 394, 875 hectáreas y 225 mil cabezas de ganado mayor.

A estas explotaciones agrícolas y ganaderas se añadieron compañías mineras y textiles, entre las que se encontraba la Compañía Industrial de Hilados, Tejidos y Estampados San Antonio Abad y otras empresas anexas. Casi veinte años después, en 1898, se disolvió la sociedad, debido a que Remigio optó por retirarse de los negocios. Por su parte, Íñigo continuó con los negocios hasta convertirse en el más rico y poderoso hacendado de México. Tiempo después, con el movimiento revolucionario le fueron confiscadas sus propiedades y partió hacia Texas cargando con la tristeza de haber perdido a dos de sus hijos que, años antes, se habían suicidado.

El caso de Avelino Montes Molina fue muy parecido. Su familia pertenecía a la "casta divina" de Yucatán. Eran productores de henequén y su presencia económica trascendía el ámbito estatal. Gozaba de los privilegios del poder, pues era un personaje muy cercano a Porfirio Díaz y gozaba de una influencia política nacional. Toda la familia Montes Molina ocupaba cargos políticos. En general, los hacendados de Yucatán dedicados al cultivo del henequén eran los amos y señores del sureste desde finales del siglo XIX hasta principios del XX, pues controlaban el 80% del mercado mundial de esa fibra.

Una treintena de familias, entre ellas la de los Montes Molina, poseía enormes riquezas, grandes extensiones de tierra, un poder opresivo sobre miles de indígenas a su servicio y el respaldo del clero. Ejercían su poder económico y político como en la época feudal, y eran conocidos como la "casta divina".

La historia de Thomas Braniff es la del típico aventurero que a mitad del siglo XIX vagabundeaba de un lado a otro buscando hacer fortuna. Hijo de inmigrantes irlandeses, fue atraído por la fiebre del oro y a la edad de veinte años partió de Nueva York a California para trabajar en las minas. En ese ambiente conoció al ingeniero Meiggs, famoso constructor de los primeros ferrocarriles de América del Sur, quien lo contrató para su empresa, misma que desarrollaba actividades en Perú y Chile. Con el tiempo, Braniff fue el encargado de la construcción de varios ferrocarriles, uno de ellos fue el de México-Veracruz, bajo las órdenes de la empresa Smith Knight and Company. De ahí en adelante se quedó a vivir en México y amasó una inconmensurable fortuna.

Los Braniff eran fieles partidarios del régimen porfirista y formaban parte de la burguesía dominante. Durante los últimos años de su vida Thomas Braniff fue presidente del Banco de Londres y México y se unió a los empresarios, banqueros y comerciantes que respaldaron a Porfirio Díaz para su quinta reelección, como lo hicieron otros conspicuos aliados del dictador, entre ellos Rafael Ortiz de la Huerta, presidente del Banco Nacional, José de Teresa Miranda, presidente del Banco Internacional Hipotecario y Joaquín D. Casasús, director del Banco Central. Todos ellos crearon, en 1900, una comisión encargada de organizar manifestaciones públicas de apoyo al general Porfirio Díaz.

Los pioneros

Uno de los primeros libaneses en llegar al continente fue Antonio Freiha El-Bechehlani, un joven estudiante de teología que, en 1854, desembarcó en Boston, una de las más importantes ciudades de Estados Unidos fundada por inmigrantes ingleses en 1630. Algunos otros libaneses se establecieron en Nueva York en 1870; sus comercios se multiplicaron y con el paso del tiempo integraron el primer barrio "oriental" al que llamarían la "Pequeña Siria".

En el caso de México se sabe que años antes del porfiriato el precursor de la emigración libanesa fue el sacerdote Boutros Raffoul, quien arribó al país en 1878 por el puerto de Veracruz. Otras fuentes señalan que uno de los iniciadores de la primera colonia libanesa establecida en Yucatán hacia 1880 fue un comerciante llamado Santiago Sauma.

Otro emigrante destacado fue José María Abad, el primer libanés que se dedicó al comercio ambulante en México en 1878. Actividad nada desdeñable, pues por aquel entonces el ingreso de un buhonero como Abad era alrededor de un 50% más elevado que el de un asalariado promedio.

Ya en pleno porfiriato, el primero de los Slim que pisó territorio mexicano fue José Slim Haddad, a los veintisiete años de edad, en 1893. Pocos años después lo secundaron sus hermanos Pedro, Carlos y Elías. El último en arribar fue Julián, quien tenía diecisiete años cuando llegó a México en 1902. Después llegaron Jorge y María, los más pequeños.

Es necesario hacer notar que en los documentos oficiales de la Secretaría de Relaciones Exteriores no aparecen registrados los nombres de los primeros inmigrantes libaneses que llegaron al país a finales del siglo XIX. Sin embargo, según el censo de 1900 en el país había 391 libaneses. Una década después eran ya 2,907, los cuales representaban el 2.5% de la población extranjera en el ocaso del gobierno de Porfirio Díaz. Ante la creciente oleada de libaneses el gobierno comenzó a poner trabas aplicando una regulación restrictiva a los inmigrantes de Medio Oriente.

En la actualidad se estima que el total de emigrantes que partieron del Líbano entre 1860 y 1914 fue un poco más de un millón de personas, de las cuales más del 40% se dirigió a Estados Unidos, otro 31% a Brasil y 15% a Argentina. En ese lapso apenas habría emigrado a México 2% del total, es decir aproximadamente 20 mil libaneses. De esta forma, antes que estallara la primera guerra mundial casi una cuarta parte de la población de Líbano había abandonado su país.

Como ya señalamos fue a principios del siglo XX cuando llegó a territorio mexicano Khalil Slim Haddad, quien después cambiaría su nombre por el de Julián. (Khalil es un nombre común entre los árabes que significa "amigo fiel" o "amigo leal".) Entró por Veracruz, donde estuvo unos meses trabajando, luego partió hacia el puerto de Tampico siguiendo a sus cuatro hermanos mayores. Ya juntos, los hermanos decidieron trasladarse a la ciudad de México en 1904, donde fundaron sus propias mercerías en el centro de la ciudad y fue José, el mayor de ellos, uno de los primeros comerciantes libaneses que abrieron una importante tienda en la capital del país.

Libertad e integración

A fines del siglo XIX la mayoría de los inmigrantes del Medio Oriente que llegaron a México eran libaneses.

24

En número mucho menor ingresaron al país iraquíes, jordanos, palestinos y sirios. Fue usual que a todos se les llamara "turcos", aunque no lo fueran, debido a que hasta 1918 fueron súbditos del imperio otomano. Erróneamente también se les llamó "árabes", por ser esa lengua la que hablaban.

El idioma, las tradiciones gastronómicas y las costumbres sociales se hermanaron con las de México. Así lo describe la estudiosa de asuntos libaneses Patricia Jacobs Barquet, autora de un diccionario sobre los mexicanos de origen libanés. Jacobs narra a detalle cómo se integraron los libaneses que emigraron del Levante.

> Los inmigrantes de Medio Oriente que llegaron a México salieron de sus pequeños territorios y llegaron a un país anfitrión en desarrollo y con una extensión territorial apenas poblada. Pudieron agradecer, a través de sus aportaciones, el recibimiento del que fueron objeto.
>
> Se integraron a México poco a poco; e incluso muchos de ellos, unos en mayor número que otros, como es el caso de los libaneses, practicaron la exogamia. Hoy día, un sinnúmero de descendientes en primera, segunda, tercera, cuarta y quinta generaciones de inmigrantes de varios países son mexicanos prominentes cuyo trabajo y participación en la actividad sociocultural de nuestra nación tiene una insoslayable trascendencia.
>
> Sus ancestros vinieron de tierras que habían visto pasar a diferentes civilizaciones como la egipcia, la griega, la romana y la persa, así como a varios conquistadores como Alejandro Magno, los bizantinos, los cruzados, los árabes y los otomanos. Salieron en busca de una vida mejor; algunos de ellos por un deseo de ampliar sus horizontes, y otros porque huían de la dominación turca. La mayoría eran

cristianos, maronitas y ortodoxos; había también musulmanes sunitas y chiítas; vinieron pocos drusos y judíos. Encontraron también en México un territorio rico en historia y etnias. A pesar de su desconocimiento del idioma y de las costumbres, a pesar de su falta de experiencia y de recursos financieros en la mayoría de los casos, encontraron la manera de adaptarse y crecer. Dejaron sus familias y sus tierras atraídos por la magia de América y la apertura de sus leyes migratorias. En gran parte jóvenes intrépidos, se iniciaron como mercantes en su nueva aventura; favorecidos por condicionantes como la inestabilidad de la moneda mexicana que, en contraposición, permitía a los bienes y objetos convertirse propiamente en un capital que incrementa su valor, supieron ahorrar e invertir sus ganancias. En su lucha por sobrevivir exploraron mercados casi vírgenes en las poblaciones incomunicadas en las que, introduciendo mercancía necesaria y atractiva, además de ser bienvenidos, fueron apreciados por ofrecer facilidades de pago.

Así se dieron a conocer; así fueron precursores de las ventas a crédito; facilitaron la integración de áreas marginadas y favorecieron el mercado interno. Su austeridad y lucha constante hizo que de ser buhoneros o barilleros, primero en los puertos de entrada y luego —al viajar a pie, en mula o en ferrocarril— en aldeas, ciudades o poblados de todo el país, llegaran a establecer pequeños puestos en los mercados y después negocios propios; aprendieron a vivir en las trastiendas antes de contar con el capital para pagar rentas o hacerse propietarios. Los primeros en llegar ayudaron a los que siguieron llegando. No faltaba el paisano que estaba dispuesto a entregarle un kashshi (el tradicional cajón de baratijas que se identifica con venta ambulante); les abrieron crédito para que, a su vez, empezaran también como aboneros. Los que prosperaron en el comercio se aventuraron en la industria; los que eran profesionistas sirvieron a las nuevas comunidades. Se esmeraron para que sus hijos aprendieran el español, para que futuras generaciones estuvieran mejor preparadas y pudieran ingresar en los mundos de otras profesiones.

Sin olvidar sus valores, su amor y apego a un país que ha sido siempre anhelado y envidiado por sus vecinos, y que fue la puerta de entrada de los europeos a Oriente, los libaneses y sus descendientes llegaron a formar una de las comunidades de mayor prosperidad. Pero se trató de una comunidad formada por individuos que, sin dejar de solidarizarse con sus consanguíneos, escogieron, cada uno, su propio camino para crecer. Individuos que, sin dejar el comercio, diversificaron sus actividades.

Ellos conformaron, en cuanto a su cantidad y capacidad de incorporación, una de las inmigraciones más importantes en México. Se dice que para 1905 sumaban cinco mil, y que estaban establecidos en varias ciudades de provincia además del Distrito Federal. Este número aumentó considerablemente después de la primera guerra mundial; hecho que, aunado a otros factores, estimuló más el tradicional deseo libanés de emigrar. El único censo específico que alguna vez se haya hecho sobre esta población fue el de Salim Abud y Julián Nasr en 1948, y registra aproximadamente a veinte mil inmigrantes y sus descendientes que, para entonces, estaban establecidos en más de trescientas ciudades y poblaciones en todos los estados de la república, cuya población era de veinte millones de habitantes. Este censo asume, como a una sola comunidad, a todos los emigrantes del Levante. Sin embargo, en 1927, Julián Slim Haddad había realizado un primer censo de empresarios y comerciantes libaneses.

Entre los mexicanos descendientes de libaneses que llegaron a México aproximadamente a partir de 1878, cabe mencionar que más de mil han sobresalido en algún momento de la historia mexicana.

Los libaneses son principalmente empresarios y comerciantes. En su mayoría son católicos (maronitas) aunque hay libaneses musulmanes que incluso construyeron su primera mezquita en Torreón, Coahuila. Por eso no es raro ver la imagen de san Charbel en algunos templos católicos de nuestro país.

Se estima que en México existen alrededor de medio millón de descendientes de libaneses concentrados principalmente en los estados de Puebla, Guanajuato, Hidalgo, Oaxaca, San Luis Potosí, Coahuila, Jalisco, Estado de México, Yucatán y la capital del país.

Sobre el tema de la identificación Carlos Martínez Assad en el estudio "Los libaneses, un modelo de adaptación", en el libro *Veracruz: Puerto de llegada*, relata que "cuando los estadunidenses invadieron Veracruz, un libanés de apellido Nicolás ofreció al presidente Victoriano Huerta a sus seis hijos varones y 200 mil pesos para la defensa del país", poniendo en evidencia la integración de algunos libaneses y su manera de involucrarse con el acontecer político de México.

Las raíces

El único estudioso que ha profundizado sobre las raíces del apellido Slim es Ernesto de la Peña, erudito, conocedor de más de treinta lenguas antiguas y modernas; pocos como él han ahondado en las antiguas culturas, desde la china, hindú o grecolatina, hasta las religiones judeocristianas y musulmana. Especialista en la Biblia y el fenómeno religioso, docto en música y ópera, Ernesto de la Peña dice que "el hombre es el ser que busca aun a sabiendas de que no va a encontrar".

Sobre el apellido y la raíz de Slim, el maestro De la Peña realizó el siguiente estudio:

Slim (… = sano, íntegro, intachable, etcétera)

El apellido Slim es de raigambre árabe, lengua donde tiene una amplia e interesantísima familia, integrada fundamentalmente por derivados de la raíz original. Casi todas las palabras de las lenguas semíticas, como el propio árabe, el asirio, el babilonio, el ugarítico, el hebreo, el arameo, el siríaco, etcétera, tienen tres letras radicales que, en el caso concreto del apellido Slim, son, por supuesto s, l, y m. La raíz de esta familia es, pues, … s, l, m: s (…), l (…) y m (…) y corresponde a otras que se encuentran en las demás lenguas del grupo como el hebreo … (shalam), el siríaco … (shalim), el etíope … (salam). Todas ellas derivan de la raíz acadia salamu, que tiene el significado general de estar completo, estar en paz, haber cumplido y otras acepciones paralelas. Aunque con ciertas dudas, puede incorporarse a esta rica familia la raíz egipcia … (sharm) de sentido paralelo.

El sentido general de la raíz es paz, tranquilidad, reposo. Sin embargo, las posibilidades semánticas son muchas, pues indica, en términos generales, no sólo la tranquilidad que brota desde el interior del hombre, sino la que proviene de tener los propios asuntos en el orden debido. En este tipo de cosas, por ejemplo, el hebreo ... (shalem) significa saldar, finiquitar una cuenta.

La matización que esta raíz experimenta en el árabe (lengua en donde teóricamente existen hasta quince formas derivadas para cada raíz verbal, con las consiguientes modificaciones del sentido original) hace posibles ciertos términos que, aparentemente al menos, no tienen una vinculación clara con el que ahora nos preocupa. A título de ejemplo, incluyo algunos de ellos, que nos permitirán percatarnos de la versatilidad de este idioma:

سالم   (sálam = sano, íntegro, intachable)

سلام   (salam = integridad, bienestar)

اسلام   (Islam = sumisión)

تسليم   (taslim = entrega, rendición)

مسالمه   (musálama = reconciliación, apaciguamiento)

ا مسلم   (muslim = musulmán)

سليمان   (Sulaimán = Solimán = Salomón. Equivale al hebreo

שלמה ¡ Shelomó, Salomón <el pacífico>)

Hay que tomar en cuenta que tanto el árabe como el hebreo se escriben de derecha a izquierda. Por esta razón, el orden aparente está invertido. A esto hay que añadir que los caracteres varían según si se unen al anterior o al siguiente, a los dos o ninguno. De esto puede provenir una confusión más.

II. LA CREACIÓN DEL IMPERIO

△

Los primeros pasos

Una tarde de verano, recién cumplidos cuarenta y cuatro años, Carlos Slim Helú decidió escribir la historia de cómo emprendió su actividad empresarial. Durante mucho tiempo recopiló documentos y tomó notas. Su esposa Soumaya Domit lo estimuló para cumplir su intención. En ese entonces sus hijos eran muy jóvenes y el ingeniero Slim aún no figuraba entre los más ricos del mundo. Tiempo después su gusto por la escritura lo hizo pensar en sus memorias, pero sus múltiples ocupaciones se lo han impedido. Sin embargo, abordó la génesis y evolución de sus empresas en un documento al que tituló "Historia del Grupo Carso".

Si algo tiene Carlos Slim es su capacidad de retención. Cifras y datos precisos acuden a su memoria como las manecillas de un reloj que marca la hora exacta. Tiene un impresionante acervo de recuerdos familiares y datos de sus empresas. Nada escapa a su control. Conserva lo mismo cartas de sus abuelos y de sus padres que fichas sobre minutas de juntas administrativas, de negocios, de todo.

A veces pareciera que hay un desorden en todo ello, pero no. Cada nota, cada documento está en el lugar indicado. Cuando solicita un reporte o documento de inmediato está a la mano. En su mesa de trabajo casi siempre hay papeles que se van apilando durante el transcurso del día; tan pronto como puede los lee y los analiza con una velocidad impresionante. Está al tanto de todo. Es incluso muy quisquilloso en cuanto a las cifras. Si un número no concuerda se vuelve obsesivo y no descansa hasta que disipa sus dudas. Él mismo lo ha dicho: "Los números me hablan". Lee con el mismo placer un informe económico que una novela. Memoriza estados financieros lo mismo que párrafos de alguno de sus libros favoritos.

Sin embargo, para trazar un perfil más cercano sobre el hombre más rico del mundo habría que retomar algunas sus vivencias personales.

Su padre Julián Slim Haddad —cuenta Carlos Slim— era una persona de carácter cariñoso y de valores muy sólidos que siempre le brindó a la unión familiar un lugar fundamental en su vida, así logró establecer una grata armonía. A sus hijos les dio una educación basada en valores bien definidos donde tenían prioridad los principios de honradez, sinceridad y una honda preocupación por México.

Al fallecer don Julián no sólo les dejó un patrimonio a valores actuales de alrededor de 100 millones de dólares. Su padre, dice Carlos Slim, le dejó, además, muchas enseñanzas:

> Las razones del éxito comercial de mi padre fueron simples: vocación, talento y trabajo. Sus consejos en cuestiones profesionales, morales y de responsabilidad eran muy claros. Cito sus propias palabras: el comercio debe implementar un sistema útil; sus actividades y finalidad descansan en una pequeña ganancia de las ventas. Debe proporcionar al consumidor artículos finos y baratos, y tratar directa-

mente con él, darle facilidades de pago, ajustar sus actos a la más estricta moralidad y honradez.

Slim recuerda que su padre le dejó un sinnúmero de anécdotas y reflexiones que aplica en su vida diaria y que suele comentar con gusto, a manera de enseñanza, a sus seres queridos, dando cauce al mismo amor y ejemplo que él recibió.

Ha contado que desde muy joven tuvo que madurar y aunque en sus tiempos de estudiante preparatorio era muy amiguero, al mismo tiempo se mostraba como un muchacho de carácter reflexivo. Le agradaba salir con sus amigos e ir a fiestas, pero su vida no giraba alrededor de ese ambiente. En ocasiones prefería permanecer en su casa algún fin de semana; era introspectivo, le gustaba analizar todo lo que sucedía en su país y la problemática de la sociedad.

A los diecisiete años de edad se matriculó en la Universidad Nacional Autónoma de México donde cursó la carrera de ingeniería. Antes de concluir sus estudios ya impartía en la misma institución la cátedra de álgebra. En 1963, a la edad de veintitrés años se graduó con la tesis "Aplicaciones de la Programación Lineal en Ingeniería Civil", también realizó cursos complementarios en desarrollo económico y planeación industrial.

Concluidos sus estudios emprendió un largo viaje por Europa y Estados Unidos. Sin sustraerse a las inquietudes políticas y sociales de su generación, aprovechó su tiempo para sumergirse durante días completos en múltiples lecturas en la Biblioteca del New York Stock Exchange, donde revisó una buena cantidad de libros y archivos sobre temas financieros, actividad que complementó con sus habituales lecturas de literatura e historia.

Carlos Slim se casó en 1966 con Soumaya Domit Gemayel, hija de Antonio Domit Dib y Lili Gemayel. Don Antonio Domit, originario de Bechele fue el principal promotor de la industria del calzado de calidad en México y doña Lili pertenecía a una importante familia de políticos de su país. Su tío Amin Gemayel fue presidente de Líbano.

Cuando se casaron, Carlos Slim tenía veintiséis años, Soumaya dieciocho. Él apenas comenzaba a cimentar su futuro imperio. En ese entonces trabajaba en el piso de remates de la Bolsa Mexicana de Valores, en el antiguo edificio de la calle de Uruguay, en el centro de la ciudad de México.

Como regalo de bodas, Carlos Slim recibió un millón de pesos por parte de su mamá, patrimonio con el que compró un terreno en Polanco. Según la costumbre libanesa era para construir la casa de la nueva familia. Pero la nueva pareja concibió una variante de esa tradición: construyeron un edificio en la calle de Bernard Shaw, en Polanco, donde ocuparon un piso y rentaron los otros departamentos.

Al inicio de su matrimonio Carlos Slim, apoyado por su esposa Soumaya, emprendió la gestación de los Grupos Inbursa y Carso. La primera empresa que adquirió fue la embotelladora Jarritos del Sur e inició varias empresas como la casa de bolsa Inversora Bursátil, Inmobiliaria Carso, Constructora Carso, Promotora del Hogar, S.S.G. Inmobiliaria, Mina de Agregados Pétreos el Volcán, Bienes Raíces Mexicanos y Pedregales del Sur.

En la actualidad aquel joven empresario es el hombre más rico del mundo con más de 200 empresas en más de veinte países. Controla entre 30 y 40% de la Bolsa Mexicana de Valores; es el empresario que paga más impuestos con sus empresas; ha invertido en la última década más de 60,000 millones de dólares en América Latina; genera más de 250 mil empleos directos en sus empresas y más de un millón y medio de empleos indirectos, y es, además, uno de los mayores filántropos del mundo, pues destina parte de su fortuna para obras sociales, humanitarias y el combate a la pobreza.

En junio de 1994, Slim escribió sobre el origen y evolución de su imperio:

> Después de comentarlo con mi familia y con varios amigos, recopilé y escribí algunas notas sobre la historia del Grupo Carso. El resultado me parece incipiente, a pesar de que llena algunos de los objetivos buscados, como establecer su desarrollo cronológico y dar a conocer ciertos antecedentes personales y familiares. Pero más allá de la historia, quiero también dar a conocer en términos generales cómo opera y cómo ha evolucionado financieramente, pues creo que este ejercicio de memoria individual y colectiva puede ser de interés para mis hijos, amigos, familiares, colaboradores; así como empresarios, periodistas, inversionistas y estudiantes.
>
> [Mantengo] mi intención de continuar posteriormente estas notas para profundizar y ampliar la historia del grupo combinando datos específicos con otros conceptos subjetivos, como pueden ser los principios y bases sobre los cuales opera y se desarrolla Carso.

En ese documento Carlos Slim concibe la creación de sus empresas como continuación de los negocios emprendidos por su padre don Julián y su tío José, quienes juntos establecieron, en 1911, una sociedad mercantil: La Estrella de Oriente, bautizada en recuerdo de su lugar de

origen, con un capital de 25,000 pesos, teniendo cada uno
de los hermanos 50% de las acciones.

Prosigue Carlos Slim:

La gestación de los Grupos Inbursa y Carso se
inició en el año de 1965. Fue entonces cuando
adquirí la embotelladora Jarritos del Sur y empecé
a constituir varias empresas como la casa de Bolsa
Inversora Bursátil, Inmobiliaria Carso, Constructora Carso, Promotora del Hogar, S.S.G. Inmobiliaria,
Mina de Agregados Pétreos el Volcán, Bienes Raíces
Mexicanos y Pedregales del Sur. Inmobiliaria Carso
la constituí en enero de 1966, tres meses antes de
contraer matrimonio, y el nombre viene de las primeras letras de **Car**los y **So**umaya.

Con Inmobiliaria Carso adquirí algunas propiedades como la de la calle Guatemala número
65 esquina con Correo Mayor, el 19 de agosto de
1970; Isabel la Católica esquina con Mesones, el 14
de noviembre de 1970; Palmas 1730, el 16 de agosto de 1971; al igual que numerosos terrenos en
el poniente y en el sur de la ciudad. Las compras
de estos últimos fueron negociaciones complejas;
comprendían cerca de cien predios, y constituían
una superficie superior a un millón y medio de
metros cuadrados. Para adquirir parte de estos
predios, Inmobiliaria Carso hipotecó todas sus
propiedades productivas a un interés anual de 11%,
y pagó el crédito y los intereses con el flujo de las
rentas.

En relación con el área inmobiliaria, cabe señalar
que algunos predios al sur de la ciudad, adquiridos en los
primeros años de los setenta, le fueron expropiados en 1989
para fines ecológicos, constituyendo parte del cinturón

36

verde de la ciudad. Estos terrenos fueron liquidados sólo parcialmente y a 10% de su valor comercial.

Asimismo Flornamex, empresa establecida en 1981 para el cultivo y exportación de flores, tuvo que cerrar debido a crecientes dificultades de operación.

El cuadro de la siguiente página muestra las primeras inversiones de Carlos Slim.

Durante cuatro años —de 1981 a 1984— realizamos numerosas y grandes inversiones y adquisiciones que incluyeron la compra, en 1984, de participaciones de accionistas bancarios, originadas en la recompra que ellos hacen de los importantes activos bancarios.

En junio de 1976 adquirimos 60% de Galas de México en 10 millones de pesos a través de un aumento de capital de esta sociedad, y en 1980 constituimos formalmente la sociedad que es actualmente Grupo Carso con el objetivo de adquirir Cigatam (Cigarrera la Tabacalera Mexicana). Grupo Carso se constituyó entonces con el nombre de Grupo Galas. Habiendo comprado cerca de 10% de Cigatam en aproximadamente 30 millones de pesos durante 1981, el 11 de agosto adquirimos 39.6% de Cigatam adicional en 214 millones de pesos. La adquisición de esta empresa resultó ser de enorme importancia para el grupo, pues el considerable flujo de efectivo nos permitió comprometernos en otras inversiones. Desde la incorporación de Cigatam al grupo Carso, dicha empresa se convirtió en una de las de más bajos costos de producción y operación en el mundo, y en una palanca y motor para el desarrollo del Grupo Carso. De abril de 1982 a diciembre de 1984 pagó al grupo alrededor de 20 millones de dólares los siguientes 25 años. Su participación en el mercado aumentó, en ese lapso, de 28 a 63%.

FECHA	EMPRESA O INVERSIÓN	%	INVERSIÓN	DÓLARES	PASIVO	RECUPERACIÓN
1965	Jarritos del Sur	40	600,000	240,000	—	2,000,000
1970	Jarritos del Sur	40	800,000	320,000	—	(Dividendo dic. 82)
1965	Inversora Bursátil	34	340,000	27,200	—	57,000,000
1967	Inversora Bursátil	66	660,000	52,000	—	7,000,000
1965-69	Condominio del Bosque	100	3,400,000	272,000	2,400,000	(Venta 1967-69)
1966	Inmobiliaria Carso	100	3,000,000	240,000	—	—
1966	Constructora Carso	40	400,000	32,000	—	1,000,000 (1971)
1968	SSG Inmobiliaria		1,200,000	96,000	—	
1969	Bienes Raíces Mexicanos		1,000,000		80,000	Expropiados en 1989, 3.5 m. de dólares
1972	Pedregales del Sur					Expropiados en 1989 1.81 m. de dólares
1970-71	Inmuebles		4,500,000	360,000	3,000,000	Pago del crédito con rentas
1969-73	Terrenos y Poniente Sur Expropiados		20,000,000	1,610,000	5,000,000	(los del sur) en 1989 en aprox. 6 m. de dólares

Junio 1976	Galas de México	60	10,000,000	800,000	—	
1981	Cigatam	10	26,000,000 (aprox.)	1,050,000 (aprox.)	—	20,000,000 dividendos 82-84
Agosto 1981	Cigatam	39.60	214,000,000	8,620,000		54,000,000 (pagado en dividendos)
Agosto 1982	Cigatam	5	39,000,000	260,000	—	350,000,000 dividendos 85-94
1982-83	Anderson Clayton	3.5	10,000,000	66,600	—	1.860,000 venta y dividendo
1982-83	Reynolds Aluminio	17	12,300,000	82,000	—	—
1982-83	Hulera El Centenario (Firestone)	23	23,800,000	158,600	—	—
Sept. 1983	Sanborns	4.27	161,500,000	1,076,000		
Junio 1984	Sanborns	8.65	673,750,000	3,800,000		
Junio 1985	Sanborns	33.57	7,210,000,000	22,270,000		
1982-84	Moderna	40	860,000,000	4,456,000	—	35,000,000 en venta enero-85

En esos años, y en virtud de que muchos grandes inversionistas nacionales y extranjeros no querían mantener sus inversiones, fue viable adquirir a precios muy por debajo de su valor real la mayoría de varias empresas, incluso mexicanizar a varias de ellas, entre las que destacan Reynolds Aluminio, Sanborns, Nacobre y sus subsidiarias. Posteriormente mexicanizamos, patrimonial y operativamente Luxus, Euzkadi, General Tire, Aluminio y 30% de Condumex. Otra forma en que mexicanizamos empresas fue venderlas a otros empresarios mexicanos como fue el caso de Química Penwalt en 1983 y La Moderna en 1985.

Durante el segundo semestre de 1982 y 1983 el valor de las empresas era aún más irracional que el pesimismo de la gente. En estos años algunas empresas valían menos de 5% de su valor en libros. Actualmente varias empresas se cotizan a más de cinco veces su revaluado capital contable. Aunque es producto de nuestro propio entorno, estas dos situaciones no son ajenas al entorno internacional. En efecto, a principios de la década de los ochenta la tasa de interés en los mercados internacionales fue superior a 20% y la inflación en Estados Unidos fue de dos dígitos. Al final de los ochenta con una inflación de 3 a 4% la tasa de interés se reduce sustancialmente hasta niveles de 2% (rendimiento negativo en términos reales). Por ese motivo se revalúan los activos fijos en los Estados Unidos y al convertirse el mercado accionario mexicano en materia de inversión de los grandes fondos de inversión americanos a partir de 1991, se da una fuerte revaluación de las empresas mexicanas hasta más de diez veces al aplicarse parámetros estadunidenses para la inversión (múltiplos, rendimientos, crecimiento). Esta revaluación ha permitido a varias empresas mexicanas acudir a estos mercados para capitalizarse de manera importante y en condiciones favorables.

La década de los ochenta marcó una etapa importante en la historia del grupo. [Fue] entonces cuando se constituyó en un grupo de grandes empresas. Como todos recordamos, fue una etapa crítica en la historia del país, en la que se perdió la confianza en su futuro. Entonces, mientras los demás rehusaban invertir, nosotros decidimos hacerlo: la razón de está decisión del Grupo Carso fue una mezcla de confianza de nosotros mismos, confianza en el país y sentido común. Cualquier análisis racional y emocional nos decía que hacer cualquier otra cosa que no fuera invertir en México, sería una barbaridad. No es posible educar y formar a nuestros hijos adolescentes (o de cualquier edad) con miedo, desconfianza y comprando dólares. Las condiciones de aquellos años me recordaron la decisión que tomó mi papá en marzo de 1914: cuando en plena Revolución le compra a su hermano el 50% del negocio poniendo en riesgo todo su capital y su futuro.

Entre 1982 y 1984 realizamos diversas inversiones en varias empresas como fueron los casos de Hulera El Centenario con 23%, 3.5% de Anderson Clayton y 21.6% de Sanborns. En el mismo año adquirimos 17% de Reynolds Aluminio, e importantes participaciones en diversas empresas.

En 1984, concretamos varios controles. Se adquirió el "paquete del Grupo 2" de Bancomer, en agosto de 1984 en 11,238 millones de pesos (58 millones de dólares), que comprendía 100% de Seguros de México, antes Seguros Bancomer, más

30% de Anderson Clayton y varias importantes inversiones más.

Con estas adquisiciones conformamos el Grupo Financiero Inbursa, constituido por la casa de Bolsa Inversora Bursátil, Seguros de México y Finanzas la Guardiana. En 1981 fundamos el fondo Inbursa que en 13 años ha tenido un rendimiento de aproximadamente 31% anual en dólares y en el que invertimos por cierto el producto de la venta de Venustiano Carranza 118-120.

Para 1983 el capital contable de la Inversora era de 3,000 millones y había pagado 57 millones de dividendos.

En 1985 Grupo Carso adquirió el control de Artes Gráficas Unidas, Loreto y Peña Pobre, Porcelanite, así como la mayoría de Sanborns y su filial Denny's.

En 1986, adquirimos la compañía Minera Frisco y Empresas Nacobre, así como sus filiales, y mantenemos una importante participación en Euzkadi.

Para estas adquisiciones fuimos vendiendo varias participaciones minoritarias que habíamos adquirido anteriormente y sin intereses corporativos, entre las que destaca 40% de Empresas La Moderna ya referida anteriormente.

Todas las empresas antes mencionadas constituyen el Grupo Carso desde las fechas indicadas y hasta 1986, no adquiriendo la mayoría de ninguna otra empresa hasta 1992.

Grupo Carso tiene en sus estatutos cláusulas de exclusión a extranjeros, por lo que no tuvo ni tiene socios de ese tipo, con excepción, a partir de 1991, de los inversionistas que participan a través del fideicomiso neutro de Nafinsa con fines exclusivamente patrimoniales.

Valor de mercado de algunas empresas en la Bolsa Mexicana de Valores

	DICIEMBRE 1982 MILLONES PESOS DÓLARES		DICIEMBRE 1984 MILLONES PESOS DÓLARES		JUNIO 1994 MILLONES DE DÓLARES	MARZO 1995 MILLONES DE DÓLARES
Anderson Clayton	281	1.9	9,312	47.8	123.0	58.3
Celanese	1,772	11.8	18,867	96.8	1,431.0	1,097.8
Cementos Mexicanos	3,900	26.0	20,750	106.4	7,820.0	2,391.4
Hulera El Centenario (Firestone)	109	0.7	2,772	14.2	—	—
Kimberly Clark	4,075	27.2	19,106	98.0	3,698.2	1,675.6
Loreto y Peña Pobre	212	1.4	692	3.6	150.0	70.6
Cía. Hulera Euzkadi	7.59	7.9	40.5	186.1	65.1	
Empresas La Moderna	724	4.8	13,716	70.3	2,870.0	1,297.5
Reynolds Aluminio	86	0.6	348	1.8	—	—
Sanborns	3,451	23.0	19,580	100.4	690.0	440.0
Segumex	—	—	8,520	43.7	980.0 (incluye escisión)	449.6 (incluye escisión)
Telmex	25,809	172.1	61,777	316.8	29,445.0	15,245.7

La adquisición se realizó de la siguiente manera:

FECHA	INVERSIÓN	MONTO PESOS	MONTO DÓLARES	ADQUIRIENTE	
Ago. 23, 1984	Anderson Clayton	2,800.0	14.5	Cigatam	
Ago. 28, 1984	Segumex	5,100.0	26.4	Inversora Bursátil	484.5
				Socios Mayoritarios	2,805.5
				Oferta Pública	1,810.0
Ago. 29 - Sep. 7, 1984	Cartera de Inversión	1,645.0	8.5	Segumex	
Ago. 29 - Sep. 7, 1984	Cartera de Inversión	200.0	1.0	Inversora Bursátil	
Ago. 29 - Sep. 7, 1984	Cartera de Inversión	948.0	4.9	Grupo Carso	
Ago. 29 - Sep. 7, 1984	Valores Vendidos en el Mercado	545.0	2.8	Varios	
		11,238.0	58.1		5,100.0

A partir del 18 de junio de 1990 hicimos al Grupo Carso una empresa pública a través de una oferta primaria de acciones a la que siguieron fusiones con otras empresas del grupo, un aumento de capital y otras dos ofertas públicas primarias internacionales. Antes de la oferta en junio de 1990, Carso era una empresa privada con pocos socios, todos ellos colaboraban en el grupo aunque varias de las empresas controladas eran públicas y tenían numerosos inversionistas.

A fines de 1990, el Grupo Carso junto con South Western Bell, France Telecom y varios inversionistas mexicanos ganó la licitación para privatizar Teléfonos de México. Se adquirió 5.17% de la empresa mediante la compra de acciones "AA" a un precio de 20% superior al del mercado de acciones "A" y "L". Para hacer frente a este importante pago, no obstante la sólida estructura financiera del grupo, y las importantes empresas que lo forman, y que mantienen permanentemente aceleradas las inversiones que le son viables, además del uso de los recursos generados en la operación de sus filiales y para mantener una posición operativa y financiera sana, se realizaron diversas ofertas públicas para financiar esa adquisición. La primera en junio de 1990, después de su inscripción en la Bolsa Mexicana de Valores: hicimos una oferta pública primaria por un monto equivalente a 100 millones de dólares; una emisión de obligaciones quirografarias en junio de 1991 por 500 mil millones de pesos y otras dos por sus filiales por 550 mil millones de pesos en mayo y julio para consolidar pasivos. Se realizó una segunda oferta pública primaria de acciones del Grupo Carso de 140 mil millones en la Bolsa Mexicana de Valores y de 214 millones de dólares en los mercados internacionales de capital. La inversión en la compra de nuestra participación en Telmex, fue de 442.8 millones de dólares, la de nuestras ofertas públicas fue alrededor de 360 millones de capital y 165 en pasivo. Esto es, captamos a través de estas ofertas aproximadamente 100 millones de dólares más que la inversión en Telmex. Cabe mencionar que nuestros socios mexicanos (incluyendo Segumex) adquirieron el otro 5% de acciones "AA" de Telmex, a pesar de que se obligaban a mantener su inversión de largo plazo, de pagarla arriba del mercado y de comprar acciones de control ("AA") que no pueden vender.

Dada la importancia de la empresa, su rezago y las enormes transformaciones e inversiones en el sector a nivel mundial, fue necesario establecer un agresivo plan de inversión para crecer y modernizarse, lanzar un programa acelerado de capacitación e iniciar un proceso de cambio cultural y reconstrucción de la antigua red exterior para mejorar el servicio. También fue necesario realizar la dolorosa eliminación de los subsidios cruzados, incrementando fuertemente el servicio local para reducir el de larga distancia.

En febrero de 1993 y para continuar sus planes de desarrollo, Grupo Carso hizo una tercera oferta pública de acciones —también primaria— por aproximadamente 352 millones de dólares, con el fin de continuar siendo un sano y fuerte grupo empresarial, capaz de competir con las poderosas empresas internacionales.

Posteriormente a la adquisición de las acciones "AA" de Telmex, el grupo continuó su política de reinversión total de sus utilidades, principalmente en los sectores de la construcción, autopartes, productos de consumo, comunicaciones y comercio.

De 1992 a la fecha se adquirieron a las compañías extranjeras Pirelli, Alcoa y Continental, las empresas Condumex, Aluminio y General Tire, de las que eran los socios principales con 30, 48 y 99% respectivamente, y que en los dos últimos casos, tenían a su cargo la operación. Con Continental mantenemos un convenio de asistencia técnica y de comercialización.

A pesar de los grandes logros en casi tres décadas de trabajo hemos tenido numerosas dificultades en estos veintinueve años de actividad empresarial desde problemas con marcas ajenas (Jarritos, Hershey's, Reynolds, Goodrich, Sugus, Toblerone) que nosotros habíamos desarrollado hasta expropiaciones de muchos inmuebles (1989), apertura comercial y entrada ilegal de productos, pasando por permisos de operación negados de uso de suelo, invasiones de predios, precios incosteables de productos mineros, agotamientos de minas, problemas con monopolios, problemas laborales, disociaciones (Constructora Carso, Minera Real Ángeles), cambios inesperados de asistencia técnica, instalaciones obsoletas, contaminantes o que consumen agua en exceso (Planta de Celulosa de Peña Pobre, Loreto, Euzkadi en el Distrito Federal) y malos negocios (Flornamex). Unas negociaciones han sido rápidas y cordiales como la de Frisco y Condumex, otras largas y difíciles.

Aunque todas las empresas implican un gran esfuerzo individual y colectivo hemos tenido retos muy difíciles profesionales y financieros, de los que destacamos:

Desde el punto de vista profesional Galas y Telmex. Galas, al adquirirla, presentaba en 1976 condiciones muy difíciles: huelga, 17,000 clientes de los que uno solo acaparaba 25% de las ventas (y se integró poco después), numerosos productos, equipos obsoletos, muy endeudada, clientes molestos por la huelga, proveedores que no surtían por la falta de pago, deudas vencidas con bancos, arrendadoras financieras y proveedores, así como convenios de impuestos y seguro social no cumplidos, además de dificultades laborales y con experiencia industrial más limitada. Quince años después, en 1991, Teléfonos de México con grandes deficiencias en el servicio, equipo obsoleto, planta exterior deteriorada, una gran demanda insatisfecha y subsidios cruzados de doloroso ajuste. Todo ello con grandes repercusiones en la vida social y económica del país.

Integrar al grupo mexicano fue una tarea difícil por los montos y plazos de la inversión (de cinco a diez años) y fue especialmente ardua la negociación con nuestros socios tecnólogos, Southwestern Bell y France Telecom, aunque después de llegar a los acuerdos en casi cuatro años no hemos tenido problemas.

No cabe duda, entre más se discuten y definen las condiciones de una asociación menos problemas se tienen después. La inversión de Grupo Carso, aunque muy grande, la financiamos con relativa facilidad a través de obligaciones quirografarias por 500 mil millones, y una oferta pública privada por 307 mil millones, un aumento de capital de 500 mil millones y una oferta pública primaria internacional de 794 mil millones. Posteriormente hicimos una segunda oferta pública internacional por 1,094 mil millones en enero de 1993.

Además de la gran capitalización del Grupo Carso gracias a las tres ofertas primarias, hemos continuado reinvirtiendo las utilidades del grupo y desinvirtiendo participaciones minoritarias, lo que permite a Carso tener finanzas muy sanas para continuar su desarrollo.

Cuando Grupo Carso compra en la privatización de Telmex el 5.8% de la empresa, se tenían 25 años de una exitosa experiencia empresarial; Southwestern Bell adquiere el 5% y una opción de otro 5%,

France Telecom el 5% y un grupo de inversionistas mexicanos otro 4.6%. Desde 1981, con Cigatam, todas las empresas de Grupo Carso han sido públicas y su historia puede ser reconstruible a través de información pública.

Grupo Carso ha vendido varias empresas parcial o totalmente, como son las de fabricación de papel tissue, las llanteras, varios hoteles, negocios de impresión y empaquetado, parte de Cigatam, El Globo, Química Fluor y Porcelanite, entre otros.

Las empresas del Grupo generan actualmente más de 220 mil empleos directos.

El crecimiento de Carso ha sido posible gracias a la permanente reinversión de utilidades de sus empresas para continuar produciendo bienes y servicios, que al mismo tiempo generan empleos para los mexicanos. Grupo Carso orienta su crecimiento e inversiones hacia los sectores más dinámicos a mediano y largo plazo, manteniendo flexibilidad y rapidez en las decisiones.

Grupo Carso es una controladora mexicana que cuenta con una capacidad demostrada en la administración de empresas que operan en mercados altamente competitivos, tanto en el ámbito nacional como internacional.

Años más tarde Slim ordenó una actualización de la historia empresarial del Grupo Carso e Inbursa después de cuatro décadas de haber puesto los primeros cimientos de este imperio:

Telmex

A lo largo de los años, Telmex ha desarrollado una plataforma tecnológica de clase mundial que ha

49

permitido una optimización de procesos y el fortalecimiento de una cultura corporativa que se ha traducido en una mejora en sus niveles de servicio y atención.

En 1991 Telmex operaba con equipos electromecánicos, analógicos y otros muchos obsoletos para operación, transporte, planta externa y mantenimiento, así como con registros manuales y una red de fibra óptica de 360 kilómetros. Telmex se ha modernizado y cuenta hoy con una red de fibra óptica de más de 110,000 kilómetros instalada en todo el país.

Telmex opera con la convicción de que toda la población tenga acceso a las telecomunicaciones, aun cuando no se tengan márgenes de rentabilidad ni subsidios, la empresa cuenta con la red del sector más extensa del país.

La telefonía pública ha sido una pieza importante en facilitar el acceso del servicio a la población en general, pasando de 69,025 teléfonos públicos en diciembre de 1990 a más de 715,000 en diciembre de 2007.

Desde su privatización, Telmex tiene como objetivo anticipar y satisfacer todas las necesidades de telecomunicaciones de sus clientes, mediante una oferta de los productos y servicios más avanzados con los mayores estándares de calidad y a los mejores precios. Telmex es la empresa líder de telecomunicaciones en México.

Telmex es un conglomerado constituido por Teléfonos de México, S.A.B. de C.V., sus empresas subsidiarias y asociadas que provee servicios de telecomunicaciones en México. Su cobertura de servicios comprende, entre otras cosas, la operación de la red más completa de telefonía básica local y de larga distancia. Asimismo, ofrece servicios tales como conectividad, acceso a internet, coubicación, hospedaje y servicios de interconexión con otros operadores de telecomunicaciones.

Competencia

Telmex es la única empresa de telecomunicaciones en México que ha invertido en atender las necesidades de comunicación de todos los sectores socioeconómicos de la población, dando especial impulso a la telefonía rural y la conexión a internet en poblaciones de difícil acceso a todo lo largo y ancho del país.

Telmex, en el negocio de líneas fijas en México, compite con operadores que están enfocados principalmente en los segmentos de altos ingresos, A y B. El compromiso de Telmex de proveer servicios de telecomunicaciones, ha propiciado que seamos los únicos operadores de telefonía fija con presencia en los hogares de segmentos socioeconómicos C, D, E y de prepago en el país, con 100% del mercado.

La participación de mercado general (telefonía fija y móvil) de Telmex es del 19%, a junio de 2008.

Inversión

Desde su privatización Telmex ha invertido más de 30,000 millones de dólares sólo en México, mientras que las inversiones totales en el sector de telecomunicaciones, entre 1990 y el 2007, fueron de 45,818 millones de dólares; esto es, la inversión de Telmex representó más del 65%.

El 82% de las inversiones realizadas en telefonía fija durante este periodo provinieron de Telmex.

Competidores

CONCESIONARIO o PERMISIONARIOS (Mayo 2008)	TOTAL
Telefonía Local	12
Telefonía de Larga Distancia	15
Comercializadores de Larga Distancia	10
Telefonía local de Cable	30
Telefonía Pública	106
Proveedores de ISP	443
Proveedores de Redes Privadas	25
	641

América Móvil

En septiembre de 2000, Telmex realizó la escisión de sus negocios celulares y de la mayoría de sus inversiones internacionales para crear la nueva empresa América Móvil.

La decisión de esta escisión consideró, entre otras, la ventaja de que fueran empresas independientes que compitieran, tuvieran un enfoque de negocios y de flexibilidad financiera para hacer frente a las estrategias diferentes de Telmex y América Móvil.

Desde el 7 de febrero de 2001, cuando se empezaron a cotizar las acciones de América Móvil en la Bolsas de México, Nueva York y Madrid, la nueva empresa se ubicó como la compañía celular más grande de América Latina y una de las más grandes del mundo.

Actualmente América Móvil tiene presencia en los siguientes países: Argentina, Brasil, Chile, Colombia, República Dominicana, Ecuador, El Salvador, Guatemala, Honduras, Jamaica, Nicaragua, Paraguay, Perú, Puerto Rico, Uruguay, Estados Unidos y México.

América Móvil es un muy buen ejemplo de creación de valor para los inversionistas. Fue pionero en el prepago: a partir de 1996, se aceleró el desarrollo de un esquema en el que ya se estaba trabajando para facturar en tiempo real el uso del servicio "Hot Bill", lo que dio origen al sistema de prepago, Amigo de Telcel nació en abril de 1996, solución que revolucionó el mercado mexicano, latinoamericano y mundial.

América Móvil es el proveedor líder de servicios inalámbricos en América Latina. A junio de 2008, tenía 165.3 millones de suscriptores celulares y 3.9 millones de líneas fijas en el continente americano.

Telmex Internacional

El año 2007 trajo consigo un acontecimiento importante en la historia de Telmex. El 21 de diciembre la Asamblea General de Accionistas aprobó la iniciativa estratégica para reorganizar la estructura corporativa de Telmex en dos empresas independientes. Telmex escindió sus operaciones en Latinoamérica, así como los negocios de Sección Amarilla. Se constituyó una nueva empresa denominada Telmex Internacional.

Con la escisión se espera:

1. Dar a cada empresa en México y en el extranjero una operación más eficiente y su dimensión adecuada, de manera que cada una de ellas opere

de forma autónoma, en sus ámbitos, administrativo, comercial y financiero.

2. Mejorar la posición competitiva de cada una de las empresas.

3. Dimensionar aún más la operación de Telmex en el mercado mexicano de las telecomunicaciones, haciendo clara la diferencia de sus operaciones en los mercados de medio y alto ingreso, donde hay competencia, y los de bajo ingreso y rural, donde no existe competencia.

Telmex Internacional opera en Argentina, Brasil, Chile, Colombia, Ecuador, Perú y Uruguay, ofreciendo una completa estructura de soporte regional y local para responder con oportunidad y eficiencia a los requerimientos de los clientes, también opera en Estados Unidos y México a través de Sección Amarilla.

El 10 de junio de 2008 dio inicio la cotización de Telmex Internacional en las Bolsas de Nueva York, Madrid y México.

IDEAL

El nuevo reto es impulsar el desarrollo de América Latina y el combate al rezago a través de formar y desarrollar capital humano y capital físico con una empresa que es IDEAL (Impulsora del Desarrollo y el Empleo en América Latina), que se dedica principalmente al desarrollo de capital físico, y las Fundaciones, actuando la primera en inversiones rentables y, en el segundo caso, apoyando la formación y desarrollo de capital humano sin fines de lucro.

Actualmente, Grupo Carso se divide en las siguientes holdings:

Carso Global Telecom posee la mayoría de las

acciones de control de Telmex, que opera servicios de telecomunicaciones en México, y Telmex Internacional, con presencia además de México, en Argentina, Brasil, Colombia, Chile, Ecuador, Estados Unidos, Perú y Uruguay.

Tiene la mayoría de las acciones de control de América Móvil, proveedor líder de servicios inalámbricos en América Latina, con operaciones en Argentina, Brasil, Colombia, Chile, República Dominicana, Ecuador, El Salvador, Estados Unidos, Guatemala, Honduras, Jamaica, Nicaragua, Paraguay, Perú, Puerto Rico, Uruguay y México.

Grupo Carso tiene operaciones en las áreas industrial, de servicios, comercial y de producción de bienes de consumo, a través de CICSA, Condumex, Nacobre, Frisco, Sears, Sanborns, Ostar Grupo Hotelero y Promotora Musical.

Grupo Financiero Inbursa, incluye Banco Inbursa, Seguros Inbursa, Casa de Bolsa Inversora Bursátil, Afore Inbursa y Operadora Inbursa, entre otras.

Impulsora del Desarrollo y Empleo de América Latina, IDEAL, es una empresa orientada a la identificación, estudio de factibilidad, estructuración financiera, implementación y operación de proyectos de infraestructura de largo plazo que no toma el riesgo de construcción y que está organizada para atender el capital físico y humano, a través del desarrollo de carreteras, puertos, generación y distribución de energía, tratamiento, colección y distribución de agua por mencionar algunos. Muchos de estos grandes proyectos se llevan a cabo a través de Carso Infraestructura y Construcción.

Aunque desde finales de los noventa Carlos Slim dejó la dirección de sus empresas sigue desempeñando importantes cargos. Encabeza el Consejo de Administración de Impulsora del Desarrollo y el Empleo en América Latina (IDEAL), Carso Infraestructura y Construcción (CICSA) una empresa del tamaño de ICA, desarrollada por Slim en dos años; preside la Fundación Telmex y la Fundación Carlos Slim, funge como presidente del Comité Ejecutivo del Consejo Consultivo de Restauración del Centro Histórico, y de la Fundación del Centro Histórico.

Continúa en la actividad empresarial, sin embargo, su esfuerzo y actividad principal están enfocados en la educación, la salud y el empleo en México y en el resto de América Latina, a través de las fundaciones que preside y de las empresas relacionadas con la infraestructura. Las riendas de sus negocios las llevan sus tres hijos varones: Carlos, Marco Antonio y Patrick Slim Domit.

III. Visión y principios

△

Vivencias y reflexiones

Carlos Slim es un hombre de gustos y aficiones sencillas, que disfruta un atardecer mientras camina por la playa o simplemente goza con la calidez de su familia. Esto sorprende en extremo a quienes no lo conocen y llegan a tratarlo por primera ocasión. Tal vez porque existen muchos prejuicios sobre los ricos o por los estereotipos que con frecuencia persiguen a los poderosos y que van de sibaritas, extravagantes y derrochadores, a perversos, tacaños y despreciables.

El caso de este magnate mexicano es muy singular. Es un seductor innato al que han alabado personajes tan radicales como Fidel Castro, Hugo Chávez, así como Andrés Manuel López Obrador —el líder de la llamada izquierda mexicana donde anida una importante caterva de anarquistas— y numerosos dirigentes políticos como William Clinton y Felipe González, premios Nobel como Gabriel García Márquez y Mario Vargas Llosa. Ha contado con la amistad de Octavio Paz y Fernando Benítez, ya desaparecidos, y de otros como Carlos Fuentes y Héctor Aguilar Camín. Muchos de ellos lo conocieron muchos años antes de que fuese siquiera el más rico de México.

No obstante, la riqueza de un hombre no se mide

por el cúmulo de propiedades que posee, sino por aquellas cosas que no cambiaría por dinero. Eso lo sabe bien Slim, quien en un par de ocasiones estuvo al borde de la muerte por problemas cardiacos, los cuales lo llevaron al quirófano en situaciones de urgencia. Él mismo presume que viajó al más allá y regresó milagrosamente.

Por lo anterior, todos los días le agradece a Dios el poder seguir activo y, sobre todo, la posibilidad de disfrutar de sus seres queridos. En este sentido, no está de más señalar que su inmensa fortuna no lo ha librado de sufrir la pérdida de un ser amado. Su esposa Soumaya Domit falleció a causa de una insuficiencia renal, un mal crónico hereditario que la hizo sufrir física y emocionalmente en la última etapa de su vida.

En torno a Carlos Slim Helú existe un creciente interés en el mundo entero y provoca críticas, envidias y alabanzas, en especial porque ha roto con los estereotipos de pereza y mala educación con los que se suele identificar a los mexicanos. A muchos les sorprenden, asimismo, las enormes contradicciones sociales de un país en el que coexisten la fulgurante riqueza y la extrema pobreza.

Es, por supuesto, el primer latino que figura en la cima de los más ricos del mundo, lugar siempre reservado a los estadunidenses desde que la revista *Forbes* comenzó a publicar su famosa lista desde mediados de los noventa.

Pero ¿qué hay más allá de las cifras espectaculares y los importantes logros con los que se identifica a este exitoso empresario? Slim rompe con los paradigmas tradicionales porque, en general, cuando se habla de riqueza siempre se hace referencia a la acumulación de bienes materiales, aun cuando la riqueza tiene muchos significados no siempre relacionados con los lujos.

Para algunos la riqueza debería tener un propósito

mucho más elevado que la simple acumulación de bienes y dinero para satisfacer deseos egoístas. Lejos de lo mundano existen otros valores mucho más plenos que la propia riqueza. Hay quienes otorgan importancia a otras categorías, como la riqueza espiritual e intelectual. Lo importante es conjuntar esos valores, de ahí la trascendencia de conocer el pensamiento de Carlos Slim en lo personal así como su filosofía de los negocios.

Carlos Slim Helú podría ser un compendio de records Guinness, pues la construcción de su imperio rebasa todos los límites. Para sus admiradores es un auténtico genio que todo lo que toca lo transforma en oro. El secreto de este moderno rey Midas para hacerse archimillonario surgió de su admiración por la filosofía de algunos grandes financieros como Jean Paul Getty, Benjamin Graham y Warren Buffett, considerados, por muchos, como los maestros de la especulación.

En su juventud su afición a la lectura de la revista *Playboy* lo nutrió de las ideas de Getty, quien decía que había una fórmula segura para alcanzar el éxito financiero: "Levantarse temprano, trabajar duro y extraer petróleo". Inspirado en los principios de estos ideólogos del dinero, Slim siguió al pie de la letra sus postulados, como el de Warren Buffett: "No vale la pena hacer bien lo que, para empezar, no vale la pena hacer".

Benjamin Graham, otro de sus maestros, decía que "un empresario busca asesoría profesional en varias facetas de su negocio, pero jamás espera que le digan cómo conseguir beneficios".

Así, inspirado por ese pequeño grupo de gurús, Slim construyó su imperio.

En México, sólo una posición después de Pemex, la paraestatal más importante del país, las empresas de Slim reportan anualmente alrededor de 10 mil millones de dólares al fisco.

El imperio de Slim se extiende por todos los continentes. Se convirtió en una celebridad cuando la revista *Forbes* lo incluyó por primera vez, en 1991, en la lista de los hombres más ricos del planeta, con un capital de 2,100 millones de dólares. Antes era conocido tan sólo por un pequeño grupo de controladores del mercado bursátil, lugar donde empezó a forjar su fortuna como profesional de las finanzas.

A mediados de los ochenta puso en práctica los conocimientos adquiridos. A Warren Buffett —uno de los tres hombres más ricos del mundo— le aprendió la técnica de hacer negocios mediante la especulación y, sobre todo, a comprar barato fingiendo interés pero sin comprometerse a nada.

De Jean Paul Getty —magnate del petróleo que desconocía la cifra total de su fortuna y vivía como rey en un lujoso castillo de Londres, pero más solitario que un perro callejero— aprendió que "el verdadero hombre de negocios jamás está satisfecho de sus logros". Y también solía decir que "cuando no se tiene dinero, siempre se piensa en él, y cuando el dinero se tiene, sólo se piensa en él".

Uno de los legados de Getty es su museo en Los Angeles, California, donde se mezclan los elementos más diversos, desde las columnas dóricas, hasta la expansión vertical infinita del rascacielos, los juegos de agua y luz, la escultura y los amplios recursos de las artes visuales.

Pero, sobre todo, Slim asimiló las enseñanzas de Benjamin Graham quien sostenía los siguientes principios:

- El inversionista debe imponerse alguna clase de límite en el precio que paga.

- Mucho más importante que saber cuándo comprar o cuándo vender es saber cuándo no comprar.
- Nadie le pregunta a un experto cómo conducir sus negocios y su vida... menos la bolsa.
- Existen tres ámbitos donde una persona educada debe conducirse como un descerebrado o un niño: 1) la religión; 2) la bolsa; 3) las matemáticas. En los tres casos no sólo "queda bien" considerarse un perfecto ignorante, sino que incluso es de mala educación discutir.

Graham defendía un principio de similitud entre la inversión y la especulación, así, para él era imposible distinguir entre una y otra porque a la hora de definirlas con precisión caemos en paradojas. Si la discusión gira alrededor de estos términos, entonces al final se impone un razonamiento cínico: "Una inversión es una especulación que salió bien; y una especulación es una inversión que salió mal".

Para desbrozar el problema Graham analiza y rechaza cinco afirmaciones:

1. Invertir es comprar bonos; especular es comprar acciones. *Falso.*
2. Invertir es comprar al contado; especular es comprar a crédito. *Falso.*
3. Invertir es comprar con intención de mantener a largo plazo. Especular es para una ganancia rápida. *Falso.*
4. Invertir es esperar el dividendo. Especular es esperar la revalorización del capital. *Falso.*
5. Invertir es comprar valores seguros. Especular es comprar valores riesgosos. *Falso.*

De acuerdo con la filosofía empresarial de Graham, se puede considerar una inversión "comprar acciones a crédito con intención de obtener una rápida ganancia". Algo que, a simple vista, parece una buena definición de especulación. Aunque en realidad el punto de partida en este enredado asunto hay que situarlo en el contexto de una evidencia ineludible: "La gente dedica más tiempo a comprar un refrigerador que a comprar una acción en la bolsa". Graham le llamaba a este proceso "análisis"; Peter Lynch le llamaba "hacer la tarea".

Con esa filosofía, Slim, a los cincuenta años, se convirtió en el inversionista número uno de América Latina creando su propio mito para después llegar a ser el empresario más rico del mundo. Acumuló su fortuna en la década de los noventa bajo la sospecha de haber sido favorecido por el poder. "Slim simplemente estuvo en el momento oportuno y en el lugar oportuno", aseveró el banquero Manuel Espinosa Iglesias, quien puso punto final a la discusión sobre el origen de la fortuna del que pasó a convertirse en un primer momento en el hombre más rico de América Latina: "Oportunidades como éstas no se repiten".

Slim elude, en lo posible, la publicidad y lleva una vida tan frugal que raya en la modestia. Su existencia gira alrededor de los negocios y tiene una forma concisa de concebir su tarea principal: "No puedo estar en todas partes. Mi trabajo consiste en pensar". Este estilo de trabajar lo lleva a alejarse de las llamadas, juntas y distracciones de rutina, para analizar documentos e irse al fondo de los asuntos y no perderse en los detalles.

Desde la percepción de Slim, en los negocios existen tres tipos de personalidades en las empresas: el empresario, el ejecutivo y el inversionista. Los tres, dice, suelen complementarse y, a veces, hasta fundirse. El primero es el que concibe y emprende, el segundo es el que opera las empresas y el tercero el que pone los medios. Slim se define empresario, pero acota: "Podríamos decir que existe un cuarto tipo que es el político".

Ante la apertura económica para la inversión extranjera, el magnate se ha declarado un empresario nacionalista:

"Difiero de aquellos que piensan que los empresarios mexicanos no pueden manejar sus propios negocios, y que muchas autoridades piensan que es mejor favorecer la inversión extranjera sobre la nacional".

Principios básicos de su imperio

Desde joven el hombre más rico del mundo fue un empresario ambicioso, pero su filosofía ha sido muy sencilla. Slim dice que sus empresas trabajan con base en principios básicos y estructuras simples. Así lo explica:

Buscamos permanentemente que nuestro equipo humano tenga vocación, preparación y un trabajo estimulante que conduzca a la autoestima, que haga de la responsabilidad una satisfacción, más que una obligación, y que contribuya a su desarrollo humano. El grupo trabaja sin staff corporativo, y el de la empresa se localiza siempre en la planta de producción, en la operación y venta, y con mínimos gastos de operación, buscando un personal óptimo, lo mejor preparado y bien remunerado.

Las inversiones se realizan en la planta productiva y en los equipos de distribución y administración, y no en inmuebles u otros corporativos.

Buscamos reducir al mínimo los niveles jerárquicos acercando a los directores a la operación lo más posible, y que trabajen para ésta y no para estructuras corporativas. Tratamos de combinar la actividad ejecutiva con el interés de los accionistas a través de un delegado presidente del consejo, quien trabajando conjuntamente con los directivos, busque constantemente optimizar inversiones, estrategia y gastos. Trabajamos sistemáticamente para mejorar los procesos productivos, optimizando inversiones e instalaciones, aumentando la productividad, mejorando la calidad, reduciendo las mermas y tratando de producir masivamente la mejor calidad al menor costo; su reducción implica sostener o mejorar márgenes, ampliar nuestros mercados, reducir precios y competir internacionalmente.

Orientamos nuestro crecimiento y nuestras inversiones hacia los sectores más dinámicos a mediano y largo plazo, tratamos de mantener flexibilidad y rapidez en las decisiones y, en fin, las ventajas de la empresa pequeña, que son las que hacen grandes a las grandes empresas.

El ambiente propicio en una sociedad le da la estabilidad política y económica; las finanzas públicas sanas, con los presupuestos equilibrados, aplicados a programas económicos y sociales prioritarios, con inversión en infraestructura y gasto social, con efectos redistributivos que favorezcan paulatina y consistentemente el bienestar. El ambiente propicio se crea también con la confianza de la sociedad con su país, en su gobierno y en sí misma. Además el gobierno ha de participar organizando a la sociedad y dirigiendo el esfuerzo común. Éstas son —sin duda— condiciones necesarias para el desarrollo nacional.

Por ende, se requiere de una inversión privada nacional y extranjera; se necesita también de un mercado que produzca riqueza, de un gobierno que oriente y fomente el crecimiento. Y que gaste e invierta con fines redistributivos en educación, salud y vivienda un buen porcentaje del producto interno bruto.

En este nuevo mundo de apertura económica y de globalización, iniciada por las transnacionales y la tecnología, y que a veces parece retroceder a bloques económicos y al proteccionismo por la fuerza de los históricos subsidios, que aun los países más desarrollados como Estados Unidos, la Unión Europea y Japón tienen muy arraigados, especialmente en el sector agropecuario, la inseguridad individual y social conduce al proteccionismo y al aislamiento, mientras que la lucha por los mercados y la competencia exacerbada son un sustituto moderno de los instintos bélicos.

Los signos principales de estos tiempos son la competencia, la eficiencia, la productividad, la calidad, el diseño, la tecnología, los altos valores agregados, las grandes empresas industriales y comerciales, la especialización y las ventajas competitivas, las fuertes inversiones en investigación y desarrollo, la educación superior masiva en ciencias y tecnología.

En las épocas de fuerte crecimiento y buenos resultados, en la época de las vacas gordas, frecuentemente se relaja la administración, se exceden las organizaciones, en vez de aprovechar para capitalizar y fortalecer a la empresa, que se deteriora y envejece. En cambio, mantener gastos fijos y austeridad en el crecimiento constituye el desarrollo acelerado de la empresa.

Se debe estar permanentemente atento en la empresa, a su modernización y crecimiento de capacitación, calidad y simplificación, así como incrementar productividad y reducir costos y gastos.

Hay que distinguir en la empresa tres vocaciones: al empresario, al ejecutivo y al inversionista. En la empresa familiar de primera generación, la misma persona usualmente desempeña las tres funciones. En las grandes empresas públicas hay grandes inversionistas individuales e institucionales y frecuentemente en países desarrollados se diluye la función empresarial desplazada por la fortaleza de ejecutivos no socios que rinden cuentas trimestrales a los inversionistas institucionales.

En la competencia, las empresas dejan de ser y operar simplemente a la medida del propietario al que satisfacen social y emocionalmente. Llena aparentemente su responsabilidad. Pero en el cambio que se ve obligado a optimizar los recursos de la sociedad evitando su desperdicio, lo primero es tener referencias. Como en el deporte, sabemos cuál es el récord mundial, quiénes son los mejores atletas y cuánto tiempo hacen. Debemos tener las referencias de los mejores internamente en el ramo en que se actúe.

Cuál es el mejor equipo, cuánto puede producir por una hora, con qué desperdicio, con cuántos operarios, etcétera. Conocer nuestros mercados y los mercados internacionales es importante, pero también lo es conocer nuestras propias debilidades y fuerzas.

En la empresa la utilidad está en la compra, en el comercio y en los costos. Para la industria, inmersa ahora en un ambiente tan competitivo, el bajar costos es como para el atleta reducir tiempos. En ambos casos se requiere de perseverancia, entrenamiento, organización y sobre todo vocación y deseos de ganar, superando constantemente marcas, mejorando incansablemente el proceso productivo. Mejorar permanentemente demanda del trabajo en equipo de operadores, directivos y empresarios para optimizar inversión, producción, calidad y costos. Como en los equipos deportivos, se requieren no sólo directores, sino también mandos medios bien capacitados, con liderazgo y sentido de organización.

La formación de una nueva empresa o una nueva planta debe considerar la localización, el tamaño, la ingeniería del proyecto, el mercado y la estructura corporativa.

Por otra parte, a una mayor eficiencia del mercado debe corresponder a una política económica de recaudación fiscal que tenga fundamentalmente fines redistributivos, estableciendo pisos de bienestar social mínimos crecientes a favor de los menos favorecidos, que habrán de integrarse paulatinamente a la sociedad moderna al tener mejor alimentación, salud, educación, y más oportunidades.

Sólo siendo el país competitivo en el comercio internacional podrán tenerse y retenerse más empleos bien remunerados, crear riquezas con las reglas del mercado y redistribuirla por la vía fiscal entre los más desfavorecidos con un claro sentido de justicia y desarrollo económico y humano.

No mejorar nuestra calidad y productividad, no optimizar nuestras inversiones y escasos recursos, no capitalizarnos aprovechando la reciente apertura a México de los mercados internacionales de capitales, no obtener la producción máxima de nuestra maquinaria y equipo, no tener niveles competitivos de calidad y precio de los bienes no comerciables sería imperdonable, pues ello implica importar más, exportar menos y reducir el aparato productivo. En suma, no consolidar el proceso virtuoso que hemos iniciado y no aprovechar los importantes flujos de capital que sólo continuarán si tenemos éxito, sería un grave error con costos muy altos.

Sólo la calidad, la productividad, la eficiencia y la optimización de nuestros recursos nos pueden permitir competir con éxito en la apertura.

Con éxito, el libre mercado genera más empleo bien remunerado, mejores y más baratos productos y mayor riqueza de la sociedad. Pero sólo la acción gubernamental, por la vía fiscal puede beneficiar a todos los miembros de la sociedad a través de la inversión pública con fines esencialmente redistributivos, pues la economía de libre mercado, por sí sola, no es suficiente para terminar con los rezagos ancestrales.

El empresario tiene la responsabilidad social de optimizar los recursos de la empresa haciéndola cada vez más eficiente, más competitiva, que reinvierta sus utilidades y capacite a su personal que, bien remunerado, motivado y satisfecho de su responsabilidad, haga su mejor esfuerzo.

En pocas palabras, a final de cuentas, el empresario es sólo un administrador temporal de la riqueza social.

Valores, equilibrio emocional

Aunque es uno de los hombres más influyentes del mundo, Carlos Slim dice de sí mismo y de sus familiares más cercanos:

"Diría que soy sobrio y mis hijos también. Por gusto, por convicción, no por disciplina".

A los estudiantes les ha hablado de su filosofía de la vida y de los negocios. En un congreso universitario al que no pudo asistir por motivos de salud, les hizo llegar una carta con el siguiente mensaje:

Queridos jóvenes estudiantes:

Les escribo esta carta con el fin de transmitirles un poco de mi experiencia de vida, buscando que contribuya a su formación, a su manera de pensar y de vivir, a su equilibrio emocional, a su sentido de responsabilidad para con ustedes y para con los demás, a su madurez y, sobre todo, a su felicidad producto de un ser y quehacer cotidiano.

Son ustedes privilegiados dentro de la sociedad por la razón más importante, su propio valor.

El éxito no es hacer bien o muy bien las cosas y tener el reconocimiento de los demás. No es una opinión exterior, es un estado interior. Es la armonía del alma y de sus emociones, que necesita del amor, la familia, la amistad, la autenticidad, la integridad.

El ser tan destacado como ustedes significa un privilegio, pero entraña también muchos riesgos que pueden afectar valores muy superiores al "éxito" profesional, económico, social o político. La fortaleza y el equilibrio emocional están en la vida interior, y en evitar aquellos sentimientos que corroen el alma, la envidia, los celos, la soberbia, la lujuria, el egoísmo, la venganza, la avaricia, la pereza y que son venenos que se ingieren poco a poco.

Cuando den, no esperen recibir, "queda aroma en la mano que da rosas", no permitan que sentimientos y opiniones negativas dominen su ánimo. El daño emocional no viene de terceros, se fragua y se desarrolla dentro de nosotros.

No confundan los valores, ni menosprecien sus principios. El camino de la vida es muy largo, pero se transita muy rápido. Vivan el presente intensa y plenamente, que el pasado no sea un lastre y el futuro sea un estímulo. Cada quien forja su destino y puede influir sobre su realidad, pero no la ignoren.

Lo que más vale en la vida no cuesta y cuesta mucho: el amor, la amistad, la naturaleza y lo que sobre ella ha logrado el hombre de formas, colores, sonidos, olores, que percibimos con nuestros sentidos, pero sólo si los tenemos despiertos.

Vivan sin miedos y sin culpas; los miedos son los peores sentimientos del hombre, lo debilitan, inhiben su acción y lo deprimen, y las culpas son un lastre enorme en nuestro pensar, al actuar y en la vida. Hacen difícil el presente y obstruyen el futuro. Para combatirlos seamos sensatos, aceptémonos como somos, nuestras realidades, nuestros gozos y nuestras penas.

La ocupación desplaza a la preocupación y los problemas al enfrentarlos desaparecen, así los problemas deben hacernos más fuertes; de los fracasos hay que aprender y hacer de los éxitos estímulos callados. Actúen siempre como les dicte su conciencia pues a ésta nunca se le engaña, así los miedos y las culpas serán mínimas.

No se encierren, ni arruinen su vida, vívanla con la inteligencia, el alma y los sentidos despiertos y alerta; debemos conocer sus manifestaciones y educarnos para apreciarlas y disfrutarlas.

El trabajo bien hecho no es sólo una responsabilidad con la sociedad, es también una necesidad emocional.

Al final nos vamos sin nada, sólo dejamos nuestras obras, familia, amigos, y quizá la influencia, por las ideas que en ellos hayamos dejado.

Con mis mejores deseos
Carlos Slim Helú

Cuatro épocas: del auge a la pesadilla

Carlos Slim no sólo se ha concentrado en los negocios. Para triunfar ha estudiado también el desarrollo y evolución de la economía mexicana. Cuando muy pocos oían
hablar de él, con excepción de los círculos empresariales
donde se desenvolvía como pez en el agua y otros acapara-
ban los reflectores por sus diatribas, escándalos y su vinculación con el poder, Carlos Slim, quien entonces empezaba
a escalar los peldaños más altos del sector empresarial, en
la década de los ochenta, daba indicios de su visión y habilidad para los negocios y tenía una percepción muy clara de
la economía mexicana.

Desde entonces era considerado una autoridad en
el mundo del dinero, por eso se permitía publicar algunos
artículos sobre economía, como lo hizo en el periódico
Novedades el 3 y 4 de octubre de 1988, un año después del
crack bursátil del 5 de octubre de 1987, mismo que sacudió
al país y generó la mayor crisis en muchas décadas, cuando
el Índice de Precios y Cotizaciones de la Bolsa Mexicana de
Valores subió a más de 26 mil puntos. No lo hizo más porque ni los operadores de las computadoras, ni el personal
que apunta manualmente en las pizarras el movimiento de
las acciones pudieron hacer frente a un incesante ritmo de
transacciones, lo cual obligó a intervenir a la Comisión Nacional Bancaria y de Valores, bajo el argumento de que la
ley faculta la interrupción del remate cuando se presentan
fluctuaciones demasiado abruptas a la alza o a la baja.

Los analistas argumentaron que el mercado había respondido de esa manera por la confianza que despertó, entre
los inversionistas, la postulación de Carlos Salinas de Gortari
a la Presidencia de la República, lo cual fue una señal de que
estaba garantizada la continuidad en la política económica.

En ese contexto Slim escribió su visión personal sobre el tema, misma que tituló "Cuatro épocas de la economía mexicana":

En la evolución económica de México, a partir de la posguerra y sus efectos inmediatos, se distinguen tres épocas con características económicas semejantes a lo largo de seis gobiernos diferentes.

La primera época dura veinte años, se inicia en 1952 y termina en 1972. La segunda época, que no llega a los diez años, termina en 1981, al agotarse las fuentes que le dieron vida: el crédito externo, el alto precio del petróleo y el gasto público deficitario. La tercera época, la crisis, toma siete años, de 1982 a la fecha. Actualmente se vislumbra una nueva época que habrá de empezar en los primeros meses de 1989.

Primera época: 1952-1972. Durante estos años se logra un desarrollo sustancial manteniendo un presupuesto equilibrado, estabilidad de precios y un moderado endeudamiento externo. La deuda interna es reducida al igual que el déficit, a pesar del importante crecimiento de la población y del gran esfuerzo para proporcionar servicios públicos. El producto interno casi se cuadruplica; el ingreso per cápita se duplica. El ingreso se distribuye a través de un empleo cada vez mejor remunerado, aunque quede lejos de los niveles deseados, y a través del gasto público que favorece a los más necesitados y abarca cada vez a más mexicanos.

La rápida sustitución de importaciones y los ingresos por servicios, principalmente por turismo, atenúan las necesidades de ahorro externo a pesar de la creciente importación de bienes de capital y de insumos cada vez más elaborados. El Estado participa en forma creciente en la actividad económica.

Segunda época: 1973-1981. Dura nueve años, se pretende violentar el proceso de desarrollo recurriendo a estrategias poco sanas, como son el excesivo endeudamiento exterior e interno, el exagerado déficit del sector público con el consiguiente desequilibrio de las finanzas públicas y el excesivo crecimiento burocrático. Se reducen las posibilidades de sustituir las importaciones afectando el modelo de desarrollo anterior, hay un cambio fundamental en el sistema financiero y monetario internacional y cambios tecnológicos y patrones de consumo que afectan a las materias primas tradicionales y sus términos de intercambio.

En los primeros años de esta etapa se reduce la participación del sector privado en la actividad económica productiva, se acelera el deterioro de la situación económica del país al manejarse políticas financieras y económicas incompatibles (inflación, paridad, tasas de interés) que provocan no sólo que el ahorro interno se desplace al exterior, sino también que la mayor parte del crédito externo se use para pagar intereses y consumo, y se desperdicie en inversiones improductivas.

Así se desaprovechan los ingresos extraordinarios derivados del petróleo y de 76 mil millones de dólares de crédito externo neto. Casualmente esta etapa se inicia con el descubrimiento de los ricos yacimientos petroleros de Chiapas y Tabasco que entran en producción años después originando "el auge petrolero" y concluye al desplomarse su precio junto con el crédito externo.

En los últimos cinco años también hay una desbocada inversión privada, financiada sustancialmente con ahorro externo, que pone en riesgo la planta productiva y el empleo, se desquician las finanzas públicas, las cuentas con el exterior, el endeudamiento externo público y privado es excesivo. La inflación queda fuera de control y las reservas del país se agotan.

Sin embargo, al final de esta época el país cuenta con grandes y modernas instalaciones en prácticamente todos los campos de la actividad económica, la mayor parte operadas por mexicanos, en todos los rangos.

Tercera época: 1982-1988. El reto de la crisis. Habiendo perdido la oportunidad histórica que nos dio "la riqueza petrolera" al tratar de violentar el crecimiento, el actual gobierno presenta desde su inicio los más graves problemas económicos posibles. Creo que no faltó ninguno: inflación de tres dígitos, déficit fiscal de 17.6%, deuda externa de 88 mil millones de dólares, déficit en cuenta corriente, el aparato productivo endeudado y sin liquidez, temiendo cierres masivos, sin reservas internacionales y una excesiva dependencia de los ingresos petroleros.

No sabíamos todavía que, además, vendrían el sismo de 1985, el desplome de los precios del petróleo y el huracán *Gilberto*.

Para enfrentar tantos problemas fue necesario actuar en varias direcciones al mismo tiempo, algunas de ellas de consecuencias no deseables e impopulares. Así para sanear las cuentas públicas fue necesario incrementar los ingresos subiendo precios y tarifas de servicios públicos e impuestos y reduciendo o eliminando subsidios; se redujeron también la inversión pública y el gasto corriente.

En 1987 se obtiene un superávit primario cercano a 4.5%, nivel que podemos considerar más que sano. Fue necesario llevar este esfuerzo hacia la búsqueda del logro, en 1988, de un superávit primario de aproximadamente 8% del PIB, a pesar de haber perdido fuertes ingresos por la baja del petróleo. Este superávit es un objetivo útil para frenar la inflación que, junto con otras medidas que se han venido concertando periódicamente dentro del Pacto de Solidaridad Económica, y han permitido dominar la inflación.

El éxito del Pacto ha sido más rápido de lo esperado y es ya reconocido por los pesimistas. La inflación del segundo semestre de 1988 anualizada deberá ser menor a 15% anual y es posible que en 1989 ésta llegue a cifras de un dígito anual, especialmente ahora que hemos aprendido a restar: para detener no sólo hay que desacelerar, hay que frenar (aceleración negativa). Los economistas deberían estudiar física.

Para anular la inflación rápidamente no sólo hay que mantener sin cambio ciertas variables, hay que hacer algunas negativas o decrecientes: así se hace posible parar en seco la inflación.

Se reduce la inflación al concertar a cero, pero se anula al bajar ciertas variables. No era posible bajar la inflación gradualmente de tres dígitos a uno, ni se podía atacar a fondo sin tener saneadas las cuentas públicas y sin las reservas suficientes para hacerle frente.

Los problemas de las cuentas con el exterior y sus soluciones han sido: la fuerte dependencia que teníamos de los ingresos petroleros que han sido sustituidos por diversos productos manufacturados, haciendo posible absorber el servicio de la deuda para mantener un ligero superávit en cuenta corriente y el enorme endeudamiento externo de los sectores privado y público. El del sector privado ha sido prácticamente resuelto a través de Ficorca, de la restructuración financiera con capitalizaciones de pasivos de varias grandes empresas y por la negociación de su deuda externa que muchas empresas han hecho adquiriéndolas a su valor de mercado, cercano a 50% de su valor nominal a través de swaps con deuda externa mexicana.

La empresa privada en la crisis logra eficientarse rápidamente e incrementar productividad y calidad, logrando competir en otros mercados y reducir sus precios internos haciendo frente a la apertura económica.

En el caso de la deuda pública externa también ha habido importantes avances, pues de estar la mayor parte a corto plazo se restructura toda a veinte años y se reduce la tasa de interés.

Este nuevo plazo, la menor tasa y el reconocimiento implícito de los acreedores de que será prioritario el crecimiento sobre el pago, ha hecho que la deuda se cotice a 50% de su valor nominal, lo cual abre las más diversas alternativas para negociar, reducir su deuda principal y su interés, como los bonos cupón cero, los swaps, la compra de deuda en el mercado; el cambio de deuda por inversión (capital de riesgo) y el reconocimiento del acreedor del valor que realmente le da en el mercado a su papel, todo ello en beneficio del adeudo en una nueva restructuración.

Por otro lado, según informó el presidente, de diciembre de 1982 a la fecha el uso efectivo de recursos crediticios del exterior ha sido negativo en 7 mil 113 millones de dólares. A ello habrá que agregar que los dólares hoy valen menos que los de 1982 y que se reducirá la deuda en más de 20 mil millones de dólares, a pesar de haber perdido más de 30 mil millones de dólares de ingresos en los últimos tres años por la baja del petróleo (monto que a los precios del mercado actuales prácticamente hubieran podido comprar la deuda).

Estados Unidos se ha convertido ya en el más grande deudor del mundo, su deuda es mayor a los 500 mil millones de dólares y se incrementa en más de 150 mil millones al año, pronto tendrán problemas semejantes a los que tuvimos si no corrigen su déficit fiscal y en cuenta corriente.

En nuestro país todo este esfuerzo sólo se ha logrado con fuertes costos: deterioro del salario real, subempleo, crecimiento de la economía informal, inversión pública diferida; sin embargo, evitamos caer en un cada vez más grave subdesarrollo crónico y, con el cambio estructural, tenemos las bases de un nuevo proyecto nacional de un país más grande y más justo.

La riqueza petrolera fue una oportunidad accidental que acabó en pesadilla, una riqueza efímera que nos dejó atrás de donde estábamos. Las bases actuales y las perspectivas inmediatas representan una nueva oportunidad histórica, el único camino firme al desarrollo: el arduo trabajo eficiente y constante, a pasos firmes. No desaprovechemos también esta segunda oportunidad, en menos de diez años nuestros hijos y nuestros nietos no nos lo perdonarán.

En la segunda parte de su análisis publicado en *Novedades,* bajo el título de "Se inicia un camino al futuro", Slim escribió:

Cuarta época: 1989-?. Una nueva oportunidad histórica, el cuadro económico es totalmente opuesto al de 1982. La inflación anual es de un dígito, las finanzas públicas están saneadas, tenemos 8% de superávit primario, la planta productiva sana y muy eficiente, exportando en forma notable, con una gran liquidez y una inflación anual esperada de un dígito, la mejor alternativa de producción es la productiva, el sector privado cuenta con la capacidad de inversión y está listo para asumir su responsabilidad.

Tenemos un superávit en cuenta corriente y altas reservas internacionales.

El problema de la deuda externa está resuelto, pero como dije antes, los avances son sustanciales: la solución es a largo plazo, su valor del mercado es de la mitad, los banqueros están dispuestos a muchas cosas a las que no estaban hace seis años, incluso en cambiar en forma importante su deuda por capital de riesgo. En el peor de los casos se podría "aficorcar" la deuda, esto es, pagando solamente el interés real y capitalizando el componente inflacionario, manteniendo la deuda en el mismo nivel de dólares constantes y en el mejor de los casos, que los bancos reconozcan como deuda la que reconoce el mercado: 50%, y, que parte de ésta se cambie en inversiones de larga duración, quedando una deuda externa menor a dos años de exportación, o tres veces las reservas o 20% del PIB, reduciéndose a una tercera parte y reabriéndose los mercados financieros nuevamente.

Algunos piden no pagar la deuda aduciendo que ya pagamos más en intereses; les pregunto si aceptarían ese argumento como ahorradores si el banco les diera esa razón para no devolverles el principal.

Muchos se quejan de que baje el interés nominal,

cuando se está pagando en México la tasa de interés real más alta que yo haya visto nunca (más de 3% al mes para septiembre). Por otro lado, hay un rápido cambio en las finanzas mundiales al estarse dando la mayor transferencia de riqueza de la historia a los países del sudeste asiático, principalmente Japón. Se está concentrando riqueza, ahorro, fuerza financiera y comercio en Japón y en los NIC (nuevos países industrializados), países que a pesar de no contar con los recursos naturales salieron muy fortalecidos después del choque petrolero: a base de trabajo, imaginación y eficiencia.

México podrá contar con ahorro externo para su desarrollo, pero debe ampliar e intensificar sus operaciones económicas con más países y bajo nuevas modalidades.

Conviene hacer un plan súper macro, con un amplio horizonte de espacio y tiempo en los que se determinen los grandes proyectos nacionales, económicos y sociales con una perspectiva de largo plazo y definiendo las prioridades y origen de los recursos para realizarlos, complementando los del sector público con los del ahorrador nacional y, cuando así convenga a los intereses nacionales, con inversión extranjera o conversión de deuda externa en inversión productiva.

La recuperación económica requerirá más trabajo y más eficiencia, sobre todo en el nivel directivo, y mejores ingresos en reactivación económica. El sector público incrementará su recaudación al reanudarse el crecimiento económico, podrá invertir más reduciendo el superávit primario a niveles del 3% del PIB, y la tasa de interés nominal será radicalmente inferior a la de 1988 reduciendo sustancialmente el déficit fiscal.

La exportación no necesitará aumentos espectaculares como en los últimos años, bastará con que se consolide y continúe creciendo, y junto con el turismo y otros servicios, mantenga nuestra capacidad de importar los bienes de capital e insumos que el crecimiento requiera. La próxima y consistente recuperación del salario real y del empleo, el proceso de inversión, productividad, distribución del ingreso, recuperación económica, recaudación fiscal, será simultáneo y se retroalimentará.

La recuperación del salario real no es sólo por justicia social o razones políticas, es una necesidad económica: el vigor de nuestra recuperación y desarrollo, la razón de nuestro crecimiento y su último fin, es el bienestar emocional y material de la población. El trabajo no es sólo responsabilidad social sino también una necesidad emocional.

Dos décadas después de su diagnóstico, Slim ha sido muy concreto. Frente a empresarios en una cumbre de negocios en Monterrey en noviembre de 2009 hizo el siguiente planteamiento:

Gobierno y empresarios tenemos que invertir más, pues México ha dejado pasar cuatro oportunidades claras para salir del subdesarrollo.

La primera fue en la década de los setentas con el incremento en los precios del petróleo; la segunda a finales de 1989, cuando se reabrió el crédito externo y se pudo acudir a los mercados de capitales y de dinero. La tercera oportunidad que se dejó pasar fue la del dinamismo de las economías mundiales a finales de los noventa, y la cuarta, cuando la cotización del petróleo llegó casi a 150 dólares, después de la crisis del 2000, pues fue a partir de

2003 cuando las economías reiniciaron su expansión, mejorando los términos de intercambio de los países en desarrollo, y fue cuando el petróleo subió de precio de manera espectacular.

Evolución de la economía mexicana

Carlos Slim aprovecha todas las oportunidades para profundizar en el tema de la economía mexicana, como ocurrió durante una conferencia ante estudiantes de la Universidad Anáhuac.

Me da mucho gusto estar con ustedes, es un honor; además si quieren hago un poco de historia sobre la evolución de la economía mexicana, para poder entrar a lo actual, para tener más perspectiva.

México, en 1931, hizo un pacto sin precedente que se llamó Movimiento Revolucionario del Congreso, integrado por diputados de este Congreso de México, la Cámara de Comercio y la Cámara de la Industria, porque estaba muy mal la situación, a causa de la recesión. Entonces hicieron una campaña que se llamó la Campaña Nacionalista, donde el lema era "consuma lo que el país produce". De ahí se inician, no sé si es casualidad o no, cincuenta años de crecimiento de México al 6.2 por ciento, cincuenta años continuos; también eso se debe a que estábamos muy rezagados y se plantea el pasar de un México agrícola y rural a un México urbano e industrial.

La época de oro de esa etapa, de esos cincuenta años, fue del año 1958 a 1970, cuando estaba don Antonio Ortiz Mena en Hacienda y el Banco de México. Se crece de manera muy rápida, se tiene una inflación muy baja, se tienen tasas de interés y financiamiento a largo plazo, etcétera.

Ese crecimiento sostenido logra que México no solamente crezca mucho, se industrialice y deje de ser un país fundamentalmente rural y agrícola que vivía en el autoconsumo (o sea, la gente vivía casi prácticamente de lo que producía, lo consumía, no participaba en la compra de muchos otros bienes fuera de las herramientas que necesitara para trabajar), sino también, aunque se creció al 6.2, hubo un crecimiento de la población enorme que todos sabemos, crecíamos al tres y pico.

En esa época de los años treinta, la población debió haber sido de 17 millones de mexicanos, 16, 15; en los cuarenta hablábamos de 20, entonces había un anuncio que decía: "20 millones no pueden estar equivocados", que creo que era de Corona, la cerveza, entonces éramos como 17 millones, bueno, yo todavía no nacía. En esta campaña participó la Cámara de Comercio, estuvo don Cayetano Blanco Vigil, papá de Nieves Noriega, y estuvo mi papá también por las cámaras de las que formaban parte, bueno, eso fue en 1931.

El movimiento que ocurrió en aquella ocasión, de pasar de un país agrícola y rural a un país industrial y urbano, le dio mucho vigor al país porque el crecimiento se retroalimentaba conforme se iba haciendo construcción de caminos, de vivienda, de fábricas, de trabajo en las fábricas, etcétera.

Ese proceso, creo yo, es el mismo que hoy está haciendo China. China lleva veinte años creciendo al 9.5, y es también un país rural, muy rezagado, en el autoconsumo y agrícola, pero está pasando de una agricultura muy primitiva de autoconsumo a estar volviéndose un país, ya no industrial, sino de la nueva civilización que estamos viviendo.

Ya es un país donde se está educando mucho a su gente, a su población, poco a poco. Es un país en el que se está absorbiendo mucho la tecnología propia de esta nueva civilización y que está avanzando mucho, muy rápido, pero con una visión de muy largo plazo, o sea, ellos no están pensando en los veinte años pasados o en los veinte años próximos, sino en muchos años, porque siendo mil 300 millones se habla todavía de que el 70% está en el rezago, 900 millones, pero hay 400 millones de chinos que ya están en el mundo urbano, más educados, participando de una sociedad más moderna, más preparados, y eso es lo que le da ese gran vigor. Es de esperar que su proceso tarde todavía muchos años.

En México, este proceso se interrumpe por los excesos de los gobiernos de los años setenta y ochenta, que tuvieron déficits muy altos, a pesar de que se creció muy bien. Hubo déficit fiscales, gastaron dinero prestado de los famosos petrodólares, no sé si oyeron hablar de algo así, hubo un auge del petróleo, los países petroleros no sabían qué hacer con el dinero, iba a dar a los bancos, los bancos lo reciclaban, le prestaban a los países y los países gastaban irresponsablemente, al igual que los banqueros que les prestaban.

Pero por ahí de 1981 y 1982, no solamente estaban endeudados, sino que el interés subió al 21%, ¿se imaginan pagar 21 o 22% de intereses? Los países entraron en una gran crisis, esa gran crisis del 82 fue una crisis terrible, fue una crisis de la deuda externa que no solamente afectó a México, sino a muchos otros países y a toda Latinoamérica.

Después de esa crisis vinieron programas de ajuste, uno de ellos se llamó el Consenso de Washington, en donde surge el famoso modelo que es el

83

que se ha seguido de alguna forma, pero que es un programa de ajuste. Entonces hemos estado veintitrés años con un crecimiento per cápita prácticamente nulo, es decir, crecemos, la población está creciendo, vamos a decir, al 1.8, 1.7 —yo digo que ya crece aritméticamente, o sea, que es una cantidad de mexicanos cada año del orden de un millón 700, un millón 800 quizá—, y la economía crecía casi al 2%, o sea que era muy poquita la diferencia entre el crecimiento económico y el crecimiento de la población, y además no solamente crecía poco, sino en forma irregular, de repente crecía bien, luego venía una crisis como la de 94, 95, etcétera.

Llevamos veintitantos años sin crecimiento per cápita. O sea que la economía ha crecido como al 2% en veinticinco años, y ese crecimiento es insuficiente para un país como México.

Afortunadamente ha habido una válvula de escape muy importante, desgraciadamente y afortunadamente, que es que se van a Estados Unidos 400 o 500 mil personas a buscar trabajo cada año.

Hay muchas zonas del país, en esas zonas rurales que antes encontraban trabajo en la ciudad, ahora se tienen que ir a Estados Unidos a trabajar y mandan mucho dinero a México. Entonces estamos hablando quizás de 10 millones de personas que se han ido en estos años y que están mandando de 18 a 20 mil millones de dólares, son cifras muy grandes, y es realmente un doble efecto positivo el que este medio millón de personas encuentren trabajo en otro lado y que puedan mandar remesas.

Pero al mismo tiempo, es triste que no hayamos podido generar empleos aquí ni retenerlos, ni siquiera que puedan regresar para encontrar trabajo aquí. Tenemos ya un grave problema de veintitrés años de un crecimiento escaso, desde la crisis del 82, en que hay años buenos, años malos, pero revueltos unos con otros, de un crecimiento casi igual que la población, a pesar que se han ido muchos mexicanos. Si ese medio millón se hubiera quedado en México, el crecimiento por habitante hubiera sido prácticamente negativo.

Ése es el esquema de estos veinticinco años, mismo que ha significado problemas graves ya que no hay oportunidades de empleo, no hay crecimiento, la gente tiene que irse a encontrar trabajo en otros lados y una marginación o rezago que ha continuado acentuándose.

Entonces de ahí planteamos que lo que tenemos que hacer es pasar de planes de ajuste a planes de desarrollo, y que nos pongamos de acuerdo los mexicanos, porque la historia nos ha enseñado que cuando hemos estado desunidos hemos tenido muchos problemas. Por ejemplo, después de la Independencia, durante años se dieron guerras fratricidas, después vino la Revolución, también fratricida, en que destruimos. Nos invadieron otros países, perdimos la mitad del territorio. Ha sido fatal cuando hemos estado desunidos.

Por ejemplo, tener una inflación baja es muy importante, tener un déficit fiscal cero o balanceado es muy importante, pero son instrumentos, no hay que verlos como objetivos nacionales.

Sabemos que los problemas no se atacan ni se resuelven con acuerdos ni con leyes, hay que realizar acciones para resolverlos y aquí hay algunas esbozadas. Hay que hacer reuniones, seminarios y buscar especialistas. En este punto nos puede ayudar mucho la universidad.

Sabemos que Pemex es muy importante, es la

85

empresa más importante de México, con mucho, y de América Latina, pero se maneja dentro del presupuesto público. Aquí dijimos, legislar para que las empresas del Estado tengan una gestión autónoma. Esto quiere decir que se administren de manera autónoma, como grandes empresas que son, sin interferencias políticas, desvinculadas de los presupuestos públicos, es decir, que no formen parte del presupuesto balanceado en el que el ingreso más egreso es cero. Entonces, lo que pasa es que Pemex no puede hacer inversiones, ni puede ser operada con transparencia por órganos de gobierno profesionales, con un Consejo de Administración cuyo mandato sea maximizar la riqueza nacional, reinvertir utilidades y fomentar el mantenimiento y desarrollo de la empresa, con consejeros independientes que nombren y remuevan al director general y que decidan sobre las inversiones y compensaciones, que cada vez que se requiera hacer una inversión no tengan que pedir permiso al presupuesto y al fisco, y si se sale del presupuesto entonces ya no se puede hacer la inversión. Y son inversiones tan importantes, que es una locura no hacerlo. Pemex debe operar con un comité de vigilancia y auditoría y con la obligación de pagar impuestos como cualquier otra empresa productiva, y también el impuesto sobre producción y servicios y los derechos que se tengan que pagar.

En otro contexto, frente a la evolución que ha registrado México, lo que hay que hacer es absorber ese 25% de la población que vive en áreas rurales, que vive todavía en el autoconsumo y marginada, que se está teniendo que ir a Estados Unidos, y hacer más productivo al campo, encontrarles fuentes de trabajo no en la industria, sino fundamentalmente en los servicios, por ejemplo, los servicios turísticos, la construcción de infraestructura; si nos vamos a meter muy fuerte, hay que propiciar la salud y educación. Entonces tenemos muchos campos en los cuales podemos generar esa actividad económica.

Orientar la economía hacia el exterior es bueno para generar divisas, pero no es bueno si se descuida el sector interno de la economía, o sea, la economía doméstica.

Hay que atender a la economía doméstica con desarrollo del capital humano y de capital físico. Con eso se va a atender de manera sustancial. ¿Cómo? Pues hay que hacer 850 mil casas al año, hay que hacer muchas carreteras, hay que hacer muchos puertos, hay que darle manejo al agua potable, tratamiento al drenaje, el saneamiento del agua, aeropuertos, escuelas, hospitales y, por supuesto, invirtiendo mucho en formar capital humano, en educar en ciencia, tecnología y en desarrollo.

Finalmente aquí está el presupuesto y comparo el 2000 y el 2005, diciembre de 2000 y del 2005. Se hablaba de que era necesaria una reforma fiscal para tener recursos para invertir, sin embargo, el ingreso en estos años por el petróleo y el aumento de precios de la energía eléctrica, ha sido 4.8% del PIB, que es muchísimo dinero. Ese 4.8 son 50 mil millones de dólares. Pero también el gasto financiero bajó mucho, porque como bajaron las tasas de interés y ha crecido el PIB, por eso decía que había una situación favorable de baja en las tasas de interés, es otro 0.8 del PIB. Ahí ha habido un ingreso de 4.8 y un ahorro de gastos financieros de 0.8, eso da 5.6 por ciento del Producto Interno Bruto de aumento en porcentaje del PIB en estos años, y en cambio la inversión subió 0.7 nada más. Lo que pueden ver es que son tantas las presiones sociales y las presiones políticas, y la idea de un gobierno paternalista, etcétera, que además yo creo que hay que hacerlo en parte, en buena parte, yo creo que la asistencia social es muy importante, pero debemos orientarla al empleo y a la inversión.

Entonces, a pesar de este incremento, la inversión solamente ha subido el 0.7, eso es insuficiente. Más que cualquier reforma, lo que se necesita es combinar recursos públicos, inversión pública con inversión privada. Con eso sentimos que se le quita un techo y un freno a la posibilidad de inversión y al crecimiento nacional.

Recesión vs. soluciones estructurales

Tras la recesión que envolvió a Estados Unidos y arrastró a todo el mundo poniendo en jaque a la administración de Barack Obama, la voz de Carlos Slim se volvió a escuchar en México.

Los analistas de Wall Street y de la City, como se le conoce al distrito financiero de Londres, advirtieron que Estados Unidos, desde finales del gobierno de George W. Bush, ya presentaba los síntomas de una depresión económica mucho mayor que la de 1929. Obama se vio forzado a instrumentar un plan de reactivación económica de emergencia por un monto de 500 mil millones de dólares a la industria. Un tercio de esos recursos, se anunció, se destinarían a proyectos de infraestructura para generar empleos. El plan incluiría proyectos de construcción y rehabilitación de caminos, puentes, sistemas de transporte, ferrocarriles, escuelas, plantas de tratamiento de agua e infraestructura de redes de telecomunicaciones de banda ancha entre otros.

El sistema bancario lo mismo que las más poderosas firmas de las más emblemáticas empresas multinacionales

88

de origen estadunidense presentaron sus peores índices en sus finanzas, a lo que se sumaron grandes fraudes derivados de la manipulación en las cuentas tanto en la Bolsa de Valores de Nueva York como en bancos y fondos de inversión. A este sombrío panorama se sumaron las demandas de millones de ciudadanos que exigían devolución de impuestos e incluso quiebras en los sistemas de ahorro e hipotecas.

Ante ese panorama desolador todos querían escuchar a Carlos Slim, al que los hombres de negocios consideran un "gurú" de las finanzas. El magnate aprovechó los foros adonde era convocado para hablar de esta crisis global.

Slim criticó el mal manejo de la economía por parte del gobierno de Obama. A su juicio, Washington actuó un poco tarde y cometió algunos errores; "ojalá sean chicos los errores, y ojalá que no se cometan los grandes errores". Desde su percepción el gobierno empezó comprando activos, lo que para él "eso fue un error", no solamente —expuso— se hizo una pésima selección y "en México teníamos ya la mala experiencia del Fobaproa", sino que Estados Unidos incurrió en ese error que lleva, tarde o temprano, a una cantidad inmanejable porque serían trillones de dólares los que tendrían que estarse comprando.

"Debajo de todo esto, en mi opinión, hay una mala regulación y una peor supervisión. Hablo en todo el mundo."

Para Slim, "esta crisis nos va a permitir encontrar soluciones estructurales de verdad, no sólo a México, sino a Estados Unidos... estuvimos por algún tiempo preocupados por la gripe aviar y nos llegó la pandemia financiera de Estados Unidos".

Entonces Slim refirió que con esta crisis no tardarían en surgir numerosos genios, pero también muchos *Rambos* financieros:

A los que no les interesa ni ganar la guerra, ni tener el poder, pero les interesa estar en la guerra [...] Lamentablemente estamos viviendo una situación muy especial que, desgraciadamente, no va a durar un año, va a ser más larga. No hablo del mercado de valores, hablo de la economía real, y hay que tomar medidas para evitar los efectos en esa economía real. Hay que tener muy presente en todo esto al deudor, que no vuelva a pasar lo del Fobaproa, donde el deudor acabó perdiendo sus casas porque se vendieron las hipotecas a 11 o 12 centavos a grupos que lo que querían era cobrar, en lugar de darle al deudor... En nuestro caso no es importante si el PIB crece dos, uno o menos uno por ciento, de hecho no creo que el crecimiento del PIB sea ni significativo en estas condiciones, y que seguramente será muy malo; lo que hay que cuidar es la masa salarial y sobre todo el empleo.

Mientras la recesión comenzaba a causar estragos por todos los países del mundo y en México el debate se iba cocinando a fuego lento, Carlos Slim, quien fue uno de los invitados especiales del Senado de la República para participar en el "Foro México ante la crisis, qué hacer para crecer", había calificado a la crisis global como la peor, aún peor que la de 1929. El escenario planteado por Slim fue más que preocupante: "No quiero ser catastrofista pero será una situación delicada y habrá que estar preparados para enfrentarla para que después no estemos llorando".

Los argumentos de Slim ante la crisis fueron, entre otros, que a raíz del debilitamiento económico recurrente uno de los sectores más afectados ha sido la clase media, pues ésta se ha reducido porque la gente no tiene ingresos, además "cuando no prosperan las iniciativas fiscales en el

Congreso el gobierno trata de compensar estos recursos a través del aumento de los energéticos, del gas o de la electricidad. En este sentido no se deben utilizar los monopolios del Estado con fines recaudatorios, pues éstas deben ser empresas que se manejen con autonomía".

En el contexto político, los señalamientos de Slim ante los senadores fueron asumidos como una confrontación con el presidente Felipe Calderón, quien días antes, en sus giras de trabajo por el país, había lanzado una andanada de críticas y descalificaciones hacia los que venían augurando un sombrío futuro para el país, y a quienes llamó "catastrofistas".

Slim no se inmutó, pues su relación con el presidente Calderón siempre ha sido cordial, pero algunos de sus competidores aprovecharon la oportunidad para emprender una campaña mediática en su contra utilizando a periodistas, académicos y políticos identificados con uno de esos grupos.

Las siguientes líneas corresponden a la polémica intervención de Carlos Slim ante los legisladores:

> Gracias, buenas tardes, me da muchísimo gusto y me honra estar con ustedes en este Foro tan importante.
>
> No había un antecedente, creo, desde 1931, cuando la Gran depresión, en la que hubo esa unidad entre el bloque revolucionario del Congreso, con las cámaras de Comercio e Industria, ésa fue una reunión, una alianza importante, que se formó y que permitió, con las políticas públicas que en ese momento se adoptaron, crecer 6.2% de 1932 a 1982.
>
> Ese crecimiento sostenido durante tantos años ha sido espectacular, era el famoso "milagro mexicano", y fue una transformación enorme que el país logró gracias a esos esfuerzos y a esas políticas públicas en las que se hicieron políticas de Estado que permanecieron por tantos años.

91

Da pena que desde 1982, después de la gran crisis de la deuda externa, hayamos crecido cero en términos de PIB per cápita. No es mediocre, es cero, que es mucho peor que mediocre, sobre todo si tomamos en cuenta la población que se ha expulsado.

Es cero por ciento, incluyendo a los mexicanos que han tenido que irse por no encontrar posibilidades de trabajo en este país.

Ese 82, esa gran crisis de deuda externa tuvo varias razones; una era, quizás, los gastos públicos importantes.

Otro, sin duda, fue la disponibilidad de petrodólares, la disponibilidad de financiamiento, de crédito, que permitió endeudarse en forma excesiva. Pero la puntilla, y la causa fue externa, fue la tasa de interés al 21%.

Comprenderán que en una economía, en una empresa o en una persona normal, que le sube cuatro veces el costo del financiero, tiene que entrar en problemas.

Y de ahí, de esa deuda externa con varios fines, entre ellos cobrar, vino el plan y el modelo del Consenso de Washington, modelo que tiene varias virtudes, pero cuyos defectos hemos sufrido durante tantos años y que, por supuesto, los países en desarrollo no los contemplan, no les hacen caso.

Hemos visto que en estos abusos que ha habido al Fondo Monetario, los tecnócratas, los académicos, los dogmáticos e ideólogos, brillaron por su ausencia, en ningún momento dado llamaron la atención.

Lo más cercano fue la exuberancia irracional de los mercados de diciembre de 1996, de Greenspan, cuando el índice era 6 mil 500 y luego se fue hasta 13 mil.

Bueno, eso es una situación realmente clara, hay

que tener una visión de largo plazo hacia adelante, pero hay que saber lo que ha sucedido en el pasado.

No hay soluciones simplistas al desarrollo sostenido, el país pasó de ser una sociedad agrícola y rural a una sociedad urbana e industrial, ahora hay que pasar a ser una sociedad terciaria: de servicios, tecnológica, de conocimiento, y tener contemplado qué es lo que esta sociedad y sus nuevos paradigmas reclaman, para irnos en esa dirección.

Me dio mucho gusto, en la inauguración del Foro, no sólo el Foro mismo, sino las palabras del presidente del Congreso, el diputado César Duarte, que dice: "Hay que realizar una revisión estructural del modelo y rediseño del sistema financiero", es lo que hace falta.

También el presidente del Senado habló de propuestas y compromisos y también habló de cambios estructurales para mejorar la productividad y la competencia, lo cual es indiscutible, que son dos argumentos fundamentales en toda esta situación que estamos viviendo.

Esta crisis que se inicia en los noventa, que trata de frenar Greenspan con su exuberancia irracional, en 2000, 2001, hay un susto por la destrucción de riqueza de esa época y vienen una serie de políticas excesivas, agresivas, laxas, monetaria, fiscal, que hicieron que esa crisis, que se estaba corrigiendo en el 2001, que empezó a corregirse en 2000, 2001, 2002, se saliera de toda proporción y nos lleve a lo que estamos viviendo hoy.

En donde el gran epicentro es la gran crisis de las instituciones financieras por los excesos, los grandes excesos que tuvieron en sus políticas liberales, neoliberales, con falta de todo sentido de cuidado, yo diría que principalmente el gobierno de Estados Unidos, y obviamente las consecuencias vienen en las decisio-

93

nes de la falta de regulación y de supervisión de las instituciones financieras internacionales, creando nuevos instrumentos y derivados en que su factor principal es lo que llaman *apalancamiento*, o sea, la posibilidad de hacer con un peso, 20, 30 o 50.

Por ejemplo, para comprar commodities (mercancía), había que dar 5% de garantías, para comprar derivados no se daba garantía, entonces se multiplicaban por cientos los riesgos, y esto es lo que estamos sufriendo.

Fue la especulación con el petróleo, la especulación con los alimentos, que afortunadamente se vino abajo, los commodities en general, porque no había que dar nada y se creó una serie de jugadores, apostadores, neófitos, muchachos que llegaban creyendo que todo iba a ser para arriba para siempre, y apostaban y apostaban, y bueno, esto es lo que estamos pagando.

Pero, lo grave es que, aunque el epicentro es Estados Unidos, las grandes consecuencias o más consecuencias se están teniendo afuera, por ejemplo, Japón.

Mientras Estados Unidos cayó 3.8 el PIB, en Japón cayó 8; en Alemania 8, en Japón por ahí, o 9, el último trimestre.

Estamos en el momento, yo diría. Ya pasó el 29, estamos viviendo el 30, hay que evitar el 31, 32 y 33, hay que evitar que ese mercado financiero —que no se ha logrado estabilizar y que no ha logrado o no se ve que se esté estabilizando, y que, por supuesto, a través del crédito contamina la economía real— no colapse el mundo económico como lo hizo en aquella ocasión y como se ve que lo está haciendo, en muchos sentidos, en este momento.

Está desmedido el crecimiento del desempleo,

se habla de dos dígitos, España ya está también en dos dígitos y altos; Japón, Alemania, todo el mundo decreciendo mucho.

Nuestros países tienen la fuerza, nuestros países, hablo de Latinoamérica, tienen la fuerza de la mejor, en los términos del intercambio, en estos últimos años; nosotros, el petróleo; otros países, el sorgo; otros, el trigo, etcétera, y tenemos los minerales.

Tenemos una fortaleza económica, nuestros países, que tenemos que cuidar y aplicar con mucho cuidado para evitar estos colapsos físicos.

No cabe duda que el Producto Interno Bruto mexicano se va a desplomar, se va a caer, va a ser negativo, ya desde el último trimestre del año pasado; no sabemos cuánto dure, pero va a ser muy fuerte el efecto.

Ahí es donde digo: el PIB va a ser negativo, va a ser sustancialmente negativo por la caída del petróleo y de la exportación, entre otras cosas, y las consecuencias también internas, pero hay que cuidar el empleo.

No hay que preocuparnos si es menos dos o menos uno o cero, hay que cuidarnos cuál es la masa salarial, cuál es el empleo, y hay que establecer, como el acuerdo nacional que encabezó el presidente de la República [Felipe Calderón Hinojosa], buscar medidas que protejan el empleo y el ingreso familiar, eso es lo fundamental que hay que hacer en este momento.

A mí me da gusto que en ese acuerdo se retomó lo que todos estos modelos y esas ideologías y esos dogmatismos y doctrinas, que estuvimos viviendo tantos años, desde 1983, pero, sobre todo, cuando el Consenso de Washington empieza a aplicarse con más firmeza en nuestros países, nos ha mantenido con crecimiento cero.

Yo creo que la gran bondad que estamos teniendo, al igual que ocurrió en esa reunión con el bloque revolucionario del Congreso, es que nos estamos volcando a la economía interna, ya nos estamos dando cuenta que no todo es pensar afuera.

Pensábamos que la inversión extranjera es maravillosa, parece que fuera donativo; la inversión extranjera no es un donativo, la inversión extranjera viene porque estamos ofreciendo buenas utilidades.

Las empresas modernas son como los viejos ejércitos: los ejércitos conquistaban territorios y cobraban tributos, las empresas conquistan mercados y cobran dividendos, royalties o regalías, transferencias de equis y de ye y de zeta.

O sea, hay que volcarse a la economía interna, obviamente necesitamos inversión extranjera y adoptar tecnología y tal, pero tenemos que volcarnos a la economía interna, cuidar mucho nuestra economía interna.

Impulsar las PyMEs, la pequeña y mediana, bajar la mortalidad empresarial, impulsarlas en México, y no lo digo por nosotros, existen empresas fuertes que compiten internacionalmente. No hay países fuertes sin empresas fuertes.

Si los países no tienen empresas fuertes, están volviéndose neocolonias, de alguna forma necesitan tener la fuerza no internamente, sino hacia afuera, de poderse proyectar.

Por eso vemos países que han impulsado mucho a las empresas fuertes en su transnacionalización, inclusive con impulsos fiscales, como es España, que les da deducible el 75 al 90% de la inversión; Brasil, que apoya con el banco de desarrollo, etcétera.

Necesitamos eso, como lo ha hecho Estados Unidos desde la Doctrina Monroe, desde los tiempos de la Colonia, ayudando a la Independencia para controlar las economías y los mercados nuestros hasta la fecha.

Yo creo que es muy importante atender la economía interna, qué bueno que nos volcamos de nuevo a la banca de desarrollo, la teníamos olvidada, la banca de desarrollo es fundamental para el crecimiento de nuestro país.

Tenemos que volver también a hacer infraestructura para mejorar nuestro capital humano, pues tenemos un gran presupuesto.

Ahí va la calidad; es baja calidad, necesitamos modernizarla, mejorar la calidad y pasar ya a la cultura digital, ya no alfabetizar, sino alfabetizar digitalmente a la población.

Necesitamos ser competitivos en esta civilización de conocimiento de la información, necesitamos competencia, estoy de acuerdo con la competencia, es muy importante, es como si fuéramos un atleta que no compite con nadie, pues no va a progresar nunca.

Necesitamos usar en la competencia referencias internacionales, qué tiempo hizo esto, cuánto salta en lo otro, cómo juega el beisbolista, cómo el futbolista, qué técnico es el mejor.

Sin duda, tenemos que estar abiertos a la competencia, y la globalización no es una alternativa, es una necesidad, es un paradigma en esta nueva civilización, aunque en este momento se está retrayendo por el colapso económico, la falta de empleo, la falta de consumo, la caída de la economía americana y de las economías desarrolladas. Obviamente a los países que exportan les van a bajar sus importaciones, van a bajar los precios de los primarios, como ya bajaron, etcétera, etcétera, entonces va a haber una caída importante del comercio internacional.

Pero, aparte, el comercio internacional se va a caer, se va a caer el empleo, va a haber mucho desempleo, va a subir el desempleo como no teníamos noticia en nuestra vida personal, sólo historia de los treinta.

Se van a quebrar las empresas, muchas chicas, medianas y grandes, van a cerrar los comercios, va a haber locales cerrados por todos lados, los inmuebles van a quedarse vacíos, y pues es una situación que va a ser delicada.

No quiero ser catastrofista, pero hay que prepararse para prever y no estar viendo las consecuencias después y estar llorando.

Yo creo que, como hicimos en el 31, hay que retomar nuestras decisiones, ver qué modelo necesitamos generar, cómo debe operar, cómo vamos a salir de esta crisis, tenemos que salir de estas crisis más fuertes. ¿Cómo? Pues creando capital humano y físico, si tenemos un buen capital físico, el capital humano va a ser muy importante.

Se impulsa mucho el empleo a través de las PyMEs, todos sabemos eso, pero también hay que atender nuestro sector agropecuario, que puede estar un poco descuidado, y por supuesto la infraestructura y más rápido y más efectivo y mayor empleo que en la infraestructura y en la construcción misma, la infraestructura, que es fundamental, es el mantenimiento de la infraestructura.

Es que no hay que esperar el plan, el proyecto, la ingeniería ni el derecho de vía, ni el tal, es que se hace de un día a otro.

Las escuelas: hay 30 mil escuelas en mal estado, hay que arreglarlas, hay que modernizarlas, hay que llevar ventanas, baños, techos, y pintura; están realmente deplorables.

Igual hacerlo en los hospitales, en los centros de salud, en las oficinas de gobierno, en las zonas arqueológicas, cuidando la biodiversidad del ambiente.

Yo creo que hay una capacidad en México tal de dar empleo intensivo con muy poco dinero, y por supuesto, hay que buscar la combinación del capital público y privado, para impulsar aquellos proyectos que lo justifiquen de esa forma.

Yo creo que tenemos que buscar salir, como decía, más fuertes de esto. A mí me llama la atención que todavía sigan los dogmas, después de veintiséis años de fracaso.

Todavía encuentran nuevas fórmulas, nuevos culpables para justificar lo que no es, aunque los que han sido más importantes lo han reconocido, como Williamson.

Yo creo que debemos, además, en esta situación de estos últimos años, hemos hecho chica a la clase media, la hemos afectado mucho.

La tercera parte de los estudiantes de la UNAM viven con un ingreso familiar de cuatro salarios mínimos, que hoy son 400 dólares; ¿es o no es ingreso? Necesitamos mejorar el empleo y el ingreso de la gente.

Se discute muchas veces entre riqueza e ingreso, creo que el que la riqueza sea privada, colectiva, pública, tiene que manejarse con eficacia para crear más riqueza, y su fruto, que es el ingreso, tiene que tener una mejor distribución.

Y vemos cómo fue: sin duda, una de las formas

de mejorar la distribución del ingreso es con educación, es con empleo y fuentes de empleo. La educación no solamente tiene la ventaja de formar capital humano, sino que es mejor oferta, y el que tiene buena educación tiene mayores alternativas de trabajo.

Todavía faltan varias cosas, pero básicamente insistir en el empleo en México —creo que ya se me está acabando el tiempo—; yo creo que hay que buscar, sin duda, los capitales nacionales fuertes y competitivos, ver de tú a tú con las transnacionales.

Crear más riqueza pública y, cuando falla una iniciativa fiscal en el Congreso, que no se usen los monopolios del Estado para recaudar, para sustituir la recaudación fiscal.

Que no se sume la energía, como se ha estado haciendo, para recaudar fiscalmente; que no se use la gasolina para recaudación fiscal. Esas cosas deben estar aparte, deben ser empresas que se manejen con autonomía y fuera del presupuesto, para evitar que cuando no se autoriza un ingreso, no se sume un punto, la red o tal, se les suben los precios y se tiene esa recaudación.

Por último, les quiero decir aquí, como hay varias cosas que han tenido que ver en lo que dice Estados Unidos, dice: "Buy American", "Compra en América"; el presidente, el secretario, el ministro Sebastián de la industria española, dice: "Y hay algo que nuestros ciudadanos pueden hacer por su país, que es apostar por España, por nuestros productos, nuestra industria y nuestros servicios, apostar por nosotros mismos".

Está empezando a haber nacionalismo económico para el consumo en Estados Unidos, sin duda. Ojalá nosotros no digamos "Vendamos México".

Le estoy dejando, por favor, al legislativo información sobre lo que es la competencia a la que se refería el presidente de la Comisión.

Aquí señala que las razones principales, los factores más problemáticos de México son: ineficiencia de la burocracia gubernamental, primero; corrupción, inadecuada infraestructura, regulaciones restrictivas, regulaciones de impuestos, acceso a financiamiento, tasas fiscales, crimen y robo, inadecuada educación de la fuerza de trabajo.

Les dejo que esto, que es el tercero, nos tiene en el lugar 60, no es tampoco la ley de Dios, porque en primer lugar está Estados Unidos, ya sabemos que no es el más competitivo del mundo, pues los están llenando de productos por todos lados.

Entonces les dejo, por favor, la información y les agradezco mucho su atención, el tiempo y la invitación.

IV. El omnipresente

△

La clave del éxito

Carlos Slim tiene el don de la ubicuidad. Es un hombre que sabe estar con Dios y con el diablo. Quizás por ello llueven sobre él lo mismo críticas que alabanzas. Quienes lo censuran por su inconmensurable riqueza consideran que una buena parte de esa fortuna surgió mediante prácticas monopólicas y no por simple genialidad empresarial, por ello lo han llamado Mister Monopoly o el Conquistador. Ha sido víctima de las más duras diatribas por su fortuna, pero jamás se le ha vinculado a escándalos de ningún tipo y procura no dar motivo a sus detractores. Es un empresario que aparece en diarios y revistas internacionales, pero siempre se ha sustraído de la frivolidad que envuelve a los personajes del jet set y no hace alarde de su riqueza. Incluso cuando traspasa las fronteras de los negocios para pisar los terrenos de la política lo ha hecho de una manera discreta. Cuando asiste a alguna cena o reunión como uno de los invitados especiales, prefiere hablar poco para poder escuchar a los demás y sólo interviene para hacer observaciones interesantes.

El escritor René Avilés Fabila, uno de los intelectuales más críticos del poder y un destacado catedrático universitario, profesor emérito de la UAM, ha trazado el siguiente

103

perfil sobre la personalidad de Carlos Slim y algunos de sus pares:

> Los multimillonarios con frecuencia se convierten en leyendas o mitos, unos porque obtuvieron su fortuna a base de engaños y crímenes, otros por su altruismo o porque heredaron, unos más por los sacrificios con que la obtuvieron. El caso es que las personas acaudaladas suelen ser parte de la historia, con frecuencia podrían estar en la Historia universal de la infamia al puro estilo Borges. Los jeques árabes, digamos, han adquirido notoriedad porque nacen ricos, nadando en un mar de petróleo. La pregunta es qué tanto hombres y mujeres obtuvieron o heredaron riquezas para contribuir al desarrollo de un país o de una comunidad. Con frecuencia las más grandes fortunas del orbe están asociadas con tragedias, dolor y explotación. El estadunidense John Davison Rockefeller (1839-1937), sin duda uno de los símbolos de la plutocracia, fue un empresario que jugó un papel importante en la industria petrolera con la fundación de la Standard Oil. En unos cuarenta años, Rockefeller llevó a tal empresa a ser la compañía más grande del orbe, y éste fue, por mucho tiempo, el hombre más adinerado del mundo. Su carrera empresarial fue controvertida. Periodistas destacados de su país lo acusaron de monopolista. Para muchos historiadores la familia Rockefeller está vinculada a la gestación de la primera y segunda guerras mundiales en pos de obtener beneficios económicos por la venta de armas y afines; sin embargo, los norteamericanos destacan sus apoyos para la investigación científica y actividades académicas. Para los mexicanos, fue una familia que censuró a Diego Rivera cuando

éste pintó a Lenin y a otros símbolos marxistas en su edificio edificado en la plaza Rockfeller Center.

Otro norteamericano célebre en tal sentido es Henry Clay Frick, nacido en 1849 y fallecido en 1919. Alcanzó celebridad no sólo por su enorme fortuna, sino porque para adquirirla pasó sobre competidores y trabajadores sin rechazar nunca los métodos gangsteriles. Llegó a explotar a sus obreros de tal manera que en Pittsburgh estallaron huelgas y el empresario ordenó una amplia represión donde murieron varios de ellos. Como reacción, un anarquista atentó contra la vida de Frick, quien era considerado "el hombre más odiado de América". Hoy su memoria es preservada básicamente por su famoso museo (su casa en Nueva York) en la 5ª Avenida, frente al Central Park: Frick Collection, donde están a la vista del público hermosas obras de arte adquiridas con su fabulosa riqueza.

Evidentemente no es el caso de Carlos Slim, y ello es notable, quien siempre ha dialogado con sus empleados, sus rivales, sus críticos, jamás ha tenido problemas con el aguerrido sindicato de Telmex.

En efecto, la personalidad de Carlos Slim es opuesta a los casos citados de Estados Unidos. Su exitosa historia es otra. Es la de un hombre poderoso, audaz y sensato al mismo tiempo, que desconoce límites y fronteras y que a pesar de ello mantiene una asombrosa sencillez, e intactas sus preocupaciones sociales, económicas y culturales por el bienestar de México.

Carlos Slim no es el típico multimillonario que la gente se imagina y aunque es considerado como el hombre más rico del mundo, en Europa y aun en Estados Unidos no es tan conocido como Bill Gates o Warren Buffett. En Asia y Medio Oriente es muy admirado. En América Latina todos lo conocen, basta señalar que su empresa América Móvil que tiene un valor superior a 110, 000 millones de dólares tiene más de 200 millones de usuarios en la región.

En muchas ocasiones el pensamiento de Carlos Slim atrapa al auditorio que lo escucha disertar sobre negocios. En alguna de esas oportunidades se le ha oído decir: "La riqueza es como un huerto. Tienes que compartir el fruto, no los árboles". Sin olvidar aquellas exhortaciones dirigidas a un grupo de jóvenes:

> El éxito no es hacer bien o muy bien las cosas y tener el reconocimiento de los demás. No es una opinión exterior, es un estado interior. Es la armonía del alma y de sus emociones, que necesita del amor, la familia, la amistad, la autenticidad, la integridad [...] La ocupación desplaza a la preocupación, y los problemas al enfrentarlos desaparecen. Así los problemas deben hacernos más fuertes, de los fracasos hay que aprender y hacer de los éxitos estímulos callados [...] El trabajo bien hecho no es sólo una responsabilidad con la sociedad, es también una necesidad emocional.

Cuando los medios le insisten sobre su fortuna y la filantropía, ha respondido que "en la riqueza misma, lo importante no es cuánto se tiene, qué se tiene, sino qué se hace con ella".

De una forma u otra todos están atentos a las inversiones que realiza, pues de los negocios de este empresario dependen cientos de miles de familias. Al margen de los empleos directos que genera, más de 50 mil proveedores, mayoritariamente nacionales, subsisten de las decisiones de este hombre que, en los negocios, siempre va tres pasos adelante. Es una máquina de hacer dinero, y ¿cómo no hacer fortuna? se preguntaba Michel Tournier, quien decía que la respuesta era sencilla: "Basta con no pensar desde la infancia más que en el dinero".

Una tarde Slim me comentó, mientras despachaba en su oficina en mangas de camisa y veía a través del ventanal de su oficina, la historia de la extraordinaria acumulación que comenzó en 1966, cuando él, con apenas veintiséis años de edad, tenía lo equivalente, en aquella época, a unos 400,000 dólares, obtenidos con inversiones en la bolsa y apoyo del patrimonio familiar.

En esa época, recién casado con Soumaya Domit Gemayel, con quien tendría seis hijos, se lanzó al mundo de los negocios adquiriendo empresas en el sector inmobiliario, de construcción civil y en el área de bebidas embotelladas. En las dos siguientes décadas, su grupo tuvo un crecimiento gradual.

Slim fue parte de la generación de jóvenes que vivieron grandes transformaciones sociales y culturales. Desde muy joven estuvo al tanto de los problemas y la evolución de la sociedad estadunidense. Recién graduado, a principios de la década de los sesenta, viajó por las principales ciudades de Estados Unidos. Eran los tiempos en los que se debatían las ideas de los pensadores más conocidos del mundo conservador norteamericano, como Sidney Hook, quien provenía de la extrema izquierda, lo mismo que Norman Podhoretz, uno de los gurús de los intelectuales del mundo judío. En esos años el neoconservador Irving Kristol fundó la revista *The Public Interest* destinada a renovar la política norteamericana.

Hacia el sur, América Latina se hallaba en un estado de turbulencia social, política y económica. Inspirados en la revolución cubana, los intelectuales querían liberarse de lo que se percibía como décadas de dominación extranjera a través del dominio absoluto de las oligarquías nacionales. En Estados Unidos surgían de modo creciente los problemas derivados de la guerra de Vietnam y las protestas universitarias contra ella. En ese entonces también imperaban los desórdenes callejeros provocados por pugnas raciales. Fidel Castro y el Che Guevara ganaban más y más popularidad en el plano internacional enarbolando la bandera del socialismo. Se abría paso la llamada teología de la liberación. "El deber de la Iglesia es comprometerse en el proceso de concientización de las masas populares a conseguir su liberación", sentenciaba el arzobispo de Recife, Brasil, Helder Cámara. En otro ámbito, Estados Unidos pasaba por la época dorada del soul y se iniciaba un nuevo capítulo de la historia musical con grupos como los Rolling Stones y el cuarteto de Liverpool, los Beatles. La música era una especie de catalizador del que surgían movimientos como el de los hippies.

Una herencia importante de los movimientos sociales de los sesenta fue la evolución del papel de la mujer en la sociedad norteamericana. En el Congreso estadunidense sólo había cuatro congresistas de raza negra y el número de estudiantes de color era ínfimo; predominaba la represión sexual, la censura literaria y la familia tradicionalista. Estados Unidos estaba sumergido en un círculo vicioso de confusión y frustración. La efervescencia de los movimientos sociales fue rompiendo, poco a poco, muchos de los atavismos sociales, políticos, culturales y económicos.

Entre tanto, en México llegaba a su fin el milagro mexicano, el que los economistas definen como el modelo de "desarrollo estabilizador", que consistió en un periodo de progreso desequilibrado en el que un segmento minoritario de la población —altamente protegido por las políticas gubernamentales— se enriqueció. Asimismo el crecimiento económico sostenido permitió la ampliación de la clase media, aunque este proceso no alcanzó a redimir a los marginados. En la desigualdad en el ingreso y en la excesiva protección de algunos agentes económicos se fincó la debilidad de un sistema que iba a colapsar varios años más tarde.

Ése fue el conflictivo mundo con el que se encontró Carlos Slim en su juventud. Los altibajos seguirían hasta principios de los ochenta, momento en el que ocurrió una nueva crisis de fin de sexenio, durante la administración de José López Portillo. Momentos difíciles en los que en abierto desafío al espíritu de manada, Slim fue de compras en medio de una de las más severas crisis económicas de la historia moderna mexicana. Esto es, mientras los inversionistas extranjeros y locales intentaban deshacerse de sus activos a cualquier precio, Slim hizo lo contrario: compró empresas de minería, tiendas minoristas, fábricas de cable y mucho más. Precisamente durante la crisis, construyó el mayor conglomerado económico del país: el Grupo Carso.

Slim lo recuerda así: "Las decisiones que tomé en aquellos años me hicieron recordar la decisión que tomó mi padre en 1914, cuando en plena revolución mexicana, le compró a su hermano el 50% del negocio [familiar], arriesgando todo su capital y su futuro".

Una segunda escalada de éxitos tuvo lugar en 1990, cuando junto con France Telecom, la Southwestern Bell y otros treinta y cinco inversionistas mexicanos, participó en la subasta de las privatizaciones y consiguió el control de Telmex, el gigante estatal de las telecomunicaciones. Y por

109

este medio llegó a lo más alto del mundo internacional de los negocios. En la actualidad sus dos compañías telefónicas, Telmex y América Móvil, juntas, valen cuarenta veces más que el Grupo Carso, con más de cuatro décadas de existencia.

En 1991, cuando su nombre apareció por primera vez en la lista de los hombres más ricos del mundo, Slim nada tenía que ver con los grandes personajes que aparecían de manera habitual en la revista *Forbes*. Todavía en 1993 manejaba un Mustang 1989 y aun después, cuando ya era ampliamente reconocido como el hombre más rico de América Latina, seguía manteniendo una discreta sobriedad, la cual subsiste hasta la fecha, cuando es el más rico del mundo.

No tiene sastre ni preferencia por los trajes de marca, es informal, trabaja en mangas de camisa, pocas veces lleva mancuernillas, no usa joyas ostentosas y viste habitualmente ropa de sus propios negocios como Saks. Es la antítesis de los magnates que posan para las revistas del jet set, y por si eso fuera poco, usa los transportes aéreos de sus compañías, a diferencia de otros ricos, como Donald Trump, quien gastó más de 100 millones de dólares en un jet. Lleva, incluso, personalmente su agenda, porque asegura que él es dueño de su tiempo. Su calendario, argumenta, "siempre está en blanco".

Para él uno de los mayores placeres en la vida es la conversación con personas inteligentes. Y a diferencia de otros excéntricos millonarios a quienes les gusta practicar el golf o el tenis, ir a bucear al Caribe, pasear en yates, los viajes exóticos por lugares de Oriente, las mujeres, los safaris al África, el esquí, la diversión en Las Vegas, los lujosos cruceros, los autos último modelo, Slim prefiere visitar los parques nacionales, o pasear por el mar de Cortés. Le atraen los lugares naturales, las ciudades con acervos de valor histórico y las ruinas prehispánicas. También es un apasionado de las nuevas tecnologías, la cultura, el arte y los deportes. En alguna época fumaba habanos Cohiba. Sus gustos por la comida están lejos de ser extravagantes; su comida favorita es la mexicana. Disfruta los tacos de cochinita, los frijoles refritos, los tacos de canasta, las tortillas hechas a mano, los pambazos, los tamales, el mole, las enchiladas, las salsas y algunos platillos libaneses como el trigo con garbanzo. Incluso, en los últimos años, cuando sale de viaje por carretera rumbo a Acapulco hace una escala en la caseta de Cuernavaca para consumir las tortas gigantes que venden allí.

Una de sus grandes aficiones es el cine. Sus películas preferidas son *El Cid* y *Tiempos modernos*. Sus actores preferidos son María Félix, Sofía Loren, Charles Chaplin, Joaquín Pardavé, Pedro Infante y Marcelo Mastroianni. Con la Doña tuvo una relación muy cálida. María Félix tenía un aprecio muy especial por el hijo mayor del magnate, Carlos Slim Domit.

Alguna vez, Slim le dijo a la Doña que le hubiera encantado ser periodista para entrevistarla y preguntarle acerca de la vida, sobre el amor, sobre la amistad. La diva —recuerda— tenía un concepto muy hermoso de la felicidad.

Apasionado de la música clásica, también disfruta los boleros, el mambo y el danzón, aunque él se reconoce como perteneciente a la generación del rock and roll.

A diferencia de otros grandes empresarios que hacen operaciones casi encubiertas, las claves del éxito de Carlos Slim son ampliamente conocidas. En todas las operaciones que realiza negocia hasta el último centavo. Le gusta regatear. Ésa es la mística que les inculca a sus directivos. Así, mediante austeridad y pragmatismo, muchas de

111

las empresas que compra pronto dejan de estar en números rojos y logra que los márgenes de ganancia crezcan sustancialmente.

Los ejecutivos de su imperio han aprendido a negociar absolutamente todo para lograr mayores beneficios. Y para prevenir situaciones económicas adversas en todas sus empresas domina la austeridad. Se debe cuidar cada peso. Las reuniones de trabajo se hacen en las oficinas, y las comidas y cenas de negocios se hacen en cafés o restaurantes austeros.

Se premia mucho la iniciativa y a quienes logran sus objetivos. De ello dependen los salarios, sin importar que las jornadas de trabajo sean largas. El propio Slim pone el ejemplo, puede llegar a trabajar hasta dieciséis horas en un día, dependiendo de las circunstancias y la exigencia de los negocios que se estén llevando a cabo.

A diferencia de otros consorcios en el de Carlos Slim no hay espacios para los headhunters, el magnate no recurre a los cazatalentos. Todos sus empleados crecen dentro de sus empresas. Cuenta con su propio centro de capacitación, el Instituto Tecnológico de Telmex (Inttelmex), donde muchos de sus ejecutivos se preparan. Teléfonos de México es una de las empresas con el mayor nivel de escolaridad de América Latina, además, la gran mayoría de los hijos de todos los trabajadores telefonistas son universitarios.

Los diez principios básicos de su imperio, mismos que han sido la clave del éxito en sus negocios, fueron retomados de las enseñanzas empresariales de su padre, Julián Slim Haddad:

> 1. Estructuras simples, organizaciones con mínimos niveles jerárquicos, desarrollo humano y formación interna de las funciones ejecutivas. Flexibilidad y rapidez en las decisiones. Operar con las

ventajas de la empresa pequeña, que son las que hacen grandes a las grandes empresas.

2. Mantener la austeridad en tiempos de vacas gordas fortalece, capitaliza y acelera el desarrollo de la empresa, asimismo evita los amargos ajustes drásticos en las épocas de crisis.

3. Siempre activos en la modernización, crecimiento, capacitación, calidad, simplificación y mejora incansable de los procesos productivos. Incrementar la productividad, competitividad, reducir gastos y costos, guiados siempre por las más altas referencias mundiales.

4. La empresa nunca debe limitarse a la medida del propietario o del administrador. No sentirnos grandes en nuestros pequeños corralitos. Mínima inversión en activos no productivos.

5. No hay reto que no podamos alcanzar trabajando unidos, con claridad de los objetivos y conociendo los instrumentos.

6. El dinero que sale de la empresa se evapora. Por eso reinvertimos las utilidades.

7. La creatividad empresarial no sólo es aplicable a los negocios, sino también a la solución de muchos de los problemas de nuestros países. Lo hacemos a través de las Fundaciones del Grupo.

8. El optimismo firme y paciente siempre rinde frutos.

9. Todos los tiempos son buenos para quienes saben trabajar y tienen con qué hacerlo.

10. Nuestra premisa es y siempre ha sido tener muy presente que nos vamos sin nada; que sólo podemos hacer las cosas en vida y que el empresario es un creador de riqueza que la administra temporalmente.

113

En la práctica cotidiana la filosofía de trabajo de las empresas de Slim es totalmente opuesta a la fastuosidad de los flamantes corporativos de Santa Fe o al glamour de las lujosas oficinas de Monterrey o Guadalajara, que parecen museos con grandes acabados de mármol y rodeados de arte. En todas las oficinas impera la austeridad. Los más altos y medianos ejecutivos comparten la misma secretaria, los asesores no existen. Capacidad y talento es lo que cuenta. Todos labran sus ascensos y promociones por méritos propios. No hay recomendados ni privilegios a los familiares. Para poder escalar algún cargo hay que demostrar, con hechos, que se es hipereficiente. Los ascensos no se logran por adulación, carisma o habilidad en las relaciones públicas, lo que cuenta es el talento, disciplina y productividad.

Arturo Elías Ayub, yerno de Carlos Slim, despacha en una moderna oficina. Está acostumbrado a que su jefe lo obligue a cuidar sus gastos durante su jornada de trabajo en Teléfonos de México. El cuidado de los recursos se extiende a la propia nómina de las fundaciones. La de Telmex gasta 20 mil dólares al mes en sus diez empleados aprovechando, por ejemplo, que la contabilidad la lleva el contador de Telmex y no cobra honorarios por ese concepto.

Siempre se propone e instrumenta la eficiencia operativa, el obtener siempre el máximo provecho al mínimo costo. La organización se caracteriza por la austeridad. Con base en este principio se debe valorar cada peso dentro del grupo empresarial. No hay viáticos para los grandes restaurantes, ni viajes en primera clase, ni autos de lujo, ni membresías a gimnasios o clubes de diversión. La filosofía de trabajo consiste en no desperdiciar recursos en gastos suntuarios. Todo va enfocado a maximizar los recursos. Dentro del mercado laboral, los salarios en todos los niveles son competitivos; no se otorgan grandes salarios pero, a cambio, hay estímulos y recompensas.

La capacitación es otro agregado para los empleados y las empresas, en promedio se dedican sesenta horas al año en el adiestramiento de los empleados. Se puede comenzar como un modesto analista pero las largas jornadas de trabajo pueden llevar a un trabajador talentoso a ocupar un cargo de dirección en algunas de las empresas de México o el extranjero.

Los becarios de la Fundación Telmex representan una cantera para las empresas. Las becas son equivalentes al salario mínimo y se otorgan a los mejores estudiantes de familias pobres, los cuales también obtienen computadoras y acceso a internet gratuito a través de Telmex y Prodigy. Estos programas eventualmente benefician a la empresa, como sucede con los programas de Responsabilidad Social Corporativa. Podría darse el caso de que muchos de estos estudiantes sean luego empleados de Telmex, Condumex o Sanborns, por ejemplo. De esa forma, Slim recluta el mejor talento que seguramente mantendrá la lealtad a estas compañías que le apoyaron en el pasado.

Por su toque como inversionista y su visión para los grandes negocios, no es extraño que muchos empresarios, de todos los niveles, se acercan a Carlos Slim para que les dé la "bendición". Lo ven como el sumo pontífice de los negocios. Así como muchas personas en el mundo leen con fervorosa pasión las Santas Escrituras, miles de hombres de negocios siguen los postulados del hombre más rico del mundo. Los diez principios básicos de las empresas de Slim son vistos como los "diez mandamientos" dentro del ámbito empresarial. Lo que escribe o dice Slim en sus conferencias es reproducido y reconocido como la Biblia de los emprendedores.

Hace algunos años, uno de los magnates de la televisión, el regiomontano Ricardo Salinas Pliego se acercó durante un evento a Carlos Slim, quien era el orador principal en una convención de hombres de negocios. Al final, durante el besamanos, uno de los últimos de la fila de los que esperaban que Slim le estrechara la mano era Salinas Pliego, quien en otra ocasión también le pidió que le "recomendara" algunas de sus lecturas favoritas. El dueño de Carso veía con cierta sonrisa juguetona los ojos ansiosos de Salinas Pliego a quien recomendó un par de libros: *How to be Rich* (Cómo ser rico) y *Supermoney* (Superdinero).

La anécdota la refieren algunos testigos de esos encuentros, ocurridos cuando Carlos Slim era el hombre más rico de México y uno de los más adinerados del mundo. En septiembre de 2009, cuando Slim ya era el segundo hombre más rico del planeta, Salinas Pliego escribió una especie de homenaje al magnate en la revista *Expansión*, a la que tituló: "Carlos Slim, el maestro", en el que se corrobora, en parte, aquel relato:

> Me llama la atención cómo su reunión familiar de los lunes se convierte al mismo tiempo en un foro para conocer a empresarios, clientes, artistas y otras personalidades de interés. Es en este espacio íntimo donde te presentas con Carlos y sus hijos; yo supongo que es también aquí donde la familia Slim decide si hará negocios contigo. Él siempre invita a sus hijos a conocer, escuchar y aprender de sus invitados.
>
> Para Carlos, los negocios son como el beisbol —otra de sus pasiones—, uno picha y el otro busca batearle; no hay agresión, sino un gran espectáculo, sobre todo cuando ambos contendientes tienen buen nivel de juego. En nuestro país debemos aspirar a tener una clase empresarial de grandes ligas.

Una de las grandes pasiones de Carlos es mantener una buena conversación nocturna sobre política, negocios, libros y tendencias globales, entre muchos otros temas.

De Carlos Slim he aprendido mucho; por ejemplo, que en los negocios y en la vida no se debe actuar de manera precipitada, al calor de la emoción. Pero la lección más importante que me ha regalado es el gran valor que deposita en la familia y en la unión familiar.

Otras lecciones valiosas son la importancia de enfocarse en el largo plazo y privilegiar las grandes tendencias por sobre el montón de detalles cotidianos.

Recuerdo que en alguna ocasión me habló sobre su experiencia con los mercados financieros en la caótica década de los ochenta, cuando el mundo y México en particular estaban sumidos en una brutal crisis económica y financiera: "Era el mejor momento, nadie quería comprar y todos querían vender... los malos tiempos son buenos, si sabes qué hacer con ellos". Sobra señalar el parecido con la actualidad.

Finalmente, vale la pena destacar que bajo la óptica de Carlos Slim los negocios son simples: 1) cuida a tus clientes, 2) invierte mucho y 3) controla tus costos y tus gastos.

Dos libros que me recomendó Carlos muestran una perspectiva interesante sobre la riqueza. Por un lado, *How to be Rich* (Cómo ser rico), de Paul Getty, fundador del museo homónimo en Los Angeles, quien nos sorprende por su punto de vista con respecto a lo que realmente es la riqueza, y cómo el estado anímico y mental de la persona es lo más importante.

Por otro lado, *Supermoney* (Superdinero), de Adam Smith, donde explica con toda claridad el origen de las grandes fortunas actuales, como la de Carlos, con base en los múltiplos de mercado. Contrario a la creencia popular, los grandes "billonarios" en realidad sólo son ricos en papel, en tanto no vendan sus títulos. La paradoja es que si lo hacen, entonces ya no aparecerían en ningún listado de ricos.

A Carlos Slim se le puede admirar por varias razones, una de ellas es su gran amor por México. Otras cualidades que llaman la atención son su enorme capacidad de memorizar todo tipo de cifras y su preocupación por los detalles que afectan a las personas que lo rodean.

Es notable su gran amplitud de intereses que, además de los negocios y las finanzas, abarcan también temas diversos como la política, el arte, el beisbol, los libros y un sinfín de temas distintos.

Otra cualidad importante es su paciencia ante la crítica infundada y mal intencionada hacia su persona y sus empresas.

Finalmente es notable su sencillez cotidiana y la frase en la que siempre nos recuerda que "sólo somos administradores temporales de la riqueza".

Poder 360°, una de las revistas más prestigiadas sobre asuntos económicos y financieros, realizó uno de los inventarios más completos sobre el imperio de Carlos Slim. Se podría decir que realizaron una búsqueda detallada de cada uno de los sectores donde participan sus empresas. En ese meticuloso análisis los especialistas reflexionan: ¿es omnipresente Carlos Slim Helú? Quizá no, pero si usted revisa con calma este informe, muy probablemente descubra que es cliente de algunas de sus cientos de empresas. Para

118

retratar a Carlos Slim Helú hay conceptos que se han vuelto populares: que es uno de los hombres más acaudalados del mundo, que es dueño de uno de los principales imperios de la industria de telecomunicaciones, que es un gran monopolista, que es un hombre de negocios mexicano de trascendencia global.

No obstante, medir el alcance de sus intereses empresariales es un asunto mucho más complicado. En la prensa mexicana, en distintas épocas, se ha asegurado que Carlos Slim Helú posee entre 200 y 300 empresas. Definir la cantidad exacta quizá resulte imposible, quizá ni el propio Slim Helú lo sepa con absoluta certeza.

Por lo general, la omnipresencia que se le atribuye a los negocios de Slim está basada en entidades específicas: Telmex, Telcel (la operadora mexicana de América Móvil) y Sanborns (división de Grupo Carso). Y aunque estas firmas indudablemente representan un bastión estratégico, la realidad es que resultan insuficientes para determinar hasta dónde llega la presencia empresarial de Slim Helú.

Como se observará en las páginas siguientes, para trazar la extensión de los intereses corporativos de Carlos Slim Helú habrá que trascender los ámbitos del comercio y las comunicaciones, e incursionar en territorios que parecerían ajenos a las actividades del dueño de Telmex: hotelería, autopistas y peaje electrónico, hardware de comunicaciones, minas, medicamentos, transformadores, barras de café, industria petroquímica y un extensísimo etcétera, el cual también incluye —hay que decirlo— una valiosa labor filantrópica, educativa y cultural.

Para construir el mapa que represente el alcance empresarial de Carlos Slim Helú se utilizaron informes y documentos de carácter público: informes de resultados —anuales y trimestrales, y la versión más reciente disponible—, documentos de la Bolsa Mexicana de Valores, datos publicados en las páginas electrónicas de las compañías, información presentada en la prensa mexicana e internacional —no desmentida por alguna de las empresas involucradas.

En los informes corporativos de las firmas de Slim Helú, el interesado encontraría, en cada empresa, una gran cantidad de compañías afiliadas o subsidiarias. No todas fueron incluidas, ya que muchas de ellas funcionan como holdings (tenedoras de acciones) o como sociedades que sólo tienen una influencia específicamente interna (por ejemplo: una filial que es la dueña o arrendadora de las oficinas del corporativo central).

En este informe se dio prioridad a las organizaciones filiales o subsidiarias que tienen presencia en el mercado, que el consumidor puede tocar u observar (y que muchas veces uno no asocia como perteneciente a las empresas de Slim).

El informe también incluye las inversiones que Slim, mediante alguna de sus principales empresas, realiza en organizaciones de México y el extranjero. Suele suceder que estas inversiones, que se traducen en distintos niveles de participación accionaria, no implican propiedad, pero resultan esenciales para tratar de ver hasta dónde llega la actividad empresarial de este hombre de negocios mexicano.

V. MISTER *FORBES*

△

Un poder sin fronteras

En el mundo sólo existen 1,210 personas con fortunas de más de 1,000 millones de dólares. En la cima se encuentra Carlos Slim Helú, un empresario mexicano que obtiene ganancias diarias por 30 millones de dólares, según las más importantes publicaciones de finanzas y negocios. De esta forma no sólo es el más rico, sino uno de los seis hombres más influyentes del planeta.

Ningún millonario ha sido tan mediático como Carlos Slim. Su fama y su poder han trascendido fronteras, por eso en Estados Unidos y algunos países de Europa se refieren a él como el "Tycoon mayor", otros le llaman el "Sell México", otros el "Mainstream", pero una gran mayoría se refiere a este influyente magnate como el rey Midas.

En Japón, donde Slim es visto como un ejemplo, se refieren al magnate como el "Taikun" —una persona extremadamente rica y poderosa—, que significa "gran señor". De ahí que los estadunidenses se refieran a él como "Tycoon mayor". En Rusia, a Slim se le considera "oligarca de negocios", término como se conoce, en ese país, a los ricos y poderosos. En los países anglosajones es visto como un "Mainstream", un empresario dominante, en Estados

Unidos algunos lo han definido como un "Sell" por su influencia en el mercado bursátil. En el argot de las bolsas de valores hay una frase muy popular que dice "Sell in May and go away", que sugiere vender en mayo y permanecer fuera del mercado hasta octubre.

En 1992 fue la primera vez que Carlos Slim apareció en el selecto grupo de los hombres más ricos del mundo. Tenía entonces cincuenta y un años de edad. Sin embargo, mucho antes que la revista *Forbes* lo incluyera en esa lista, el diario *The Wall Street Journal* y la revista *Fortune* ya se ocupaban de él.

Fundada en 1917 por el inmigrante escocés, *Forbes* es una revista estadunidense con una circulación de varios millones de ejemplares. La lista de los más ricos del mundo comenzó a publicarse en 1987, y pronto atrajo los reflectores de los medios sensacionalistas esperando descubrir las excentricidades de los verdaderamente ricos.

Pero más allá de la famosa lista, la revista *Forbes* no sólo es una publicación de prestigio, sino una empresa periodística especializada en diversos temas de interés para las personas inmersas en el mundo de los negocios. Así, las publicaciones de *Forbes* abarcan tópicos que incluyen impuestos, tecnología, inversiones, finanzas, comercio internacional y el espíritu de los emprendedores.

Slim ha aparecido de manera constante en dicha publicación desde 1991. Cuando figuró por primera vez era un millonario más, pero poco a poco fue escalando posiciones y también registrando resbalones. Pero seguía presente. En 1996 estaba entre los primeros veinte mejor posicionados con más de 6,000 millones de dólares. Al año siguiente pasó del lugar 16 al 37 y su fortuna apenas creció 500 millones de dólares. Mejoró su ubicación en 1998, pues del número 37 pasó al lugar 31, con 7,200 millones. Después, en 1999, avanzó al sitio número 27, con 8,000 millones, pero volvió al 31 en 2000, con 100 millones de dólares menos que el año anterior.

Al comenzar el nuevo milenio, en 2001, lo situaron en el lugar 25, con 10,800 millones de dólares, que aumentaron en 2002 a 11,500 para ubicarse en el lugar 17. En 2003 estalló un escándalo al entrar en la clasificación de "perdedor" por haber sufrido un retroceso a 7,400 millones, con lo que cayó al lugar 35. Pero como en el juego de la oca, en 2004 volvió al lugar 17, ahora con 13,900 millones de dólares. A partir del año 2005 entró al *top ten* de los mega-ricos al ocupar el cuarto lugar, con 23,000 millones de dólares. En 2006 subió al podium de los tres más ricos del mundo junto a Bill Gates y Warren Buffett, ya con una fortuna de 30,000 millones de dólares. Como un movimiento musical su fortuna fue *in crescendo* y en la edición 2007 de la lista publicada por *Forbes* figuró con 49,000 millones. Después, en 2008, desbancó de su lugar a Bill Gates. Slim fue ubicado en el segundo lugar con 60,000 millones de dólares, Buffett ocupaba el primer lugar y Gates era el tercero. En 2009, luego de ser un año antes el segundo hombre más rico del mundo, perdió su posición al perder casi 25,000 millones de dólares. En 2010, Slim se recuperó y desplazó con sus 53,500 millones de dólares a Gates y Warren Buffett. Fue coronado por *Forbes* como el más rico del mundo. En 2011 su fortuna alcanzó, según la misma revista, los 74,000 millones de dólares, nuevamente seguido por Bill Gates y Warren Buffett.

Según los expertos, la fortuna de Carlos Slim se disparó gracias al alza de 26.5% que registraron las acciones de América Móvil, donde el magnate tiene una participación de 33%. Considerada la empresa de telefonía móvil más grande de América Latina, cuenta con una base de

260 millones de clientes, de los cuales 212 millones son suscriptores de telefonía celular, 28 millones de líneas fijas, 12 millones con accesos a banda ancha y casi 9 millones con servicios de televisión de paga. América Móvil se consolidó en América Latina al contar con una red de fibra óptica de 290 mil kilómetros, lo que también la convierte en la corporación con mayor infraestructura de telecomunicaciones del mundo.

Su poder y su influencia están en todas partes. De acuerdo a documentos de la Securities and Exchange Commission, del gobierno de Estados Unidos, posee a título personal 8.2% de las acciones preferenciales, con derecho a voto, de AT&T, la mayor compañía de telecomunicaciones del mundo, cuyas ventas globales ascienden a alrededor de 125,000 millones de dólares anuales. Posee, además, 10% de las acciones preferenciales en la cadena Saks y más del 10% de las acciones ordinarias, sin derecho a voto, del periódico *The New York Times.*

Por si eso no fuera suficiente, Slim compró 58.7 millones de acciones ordinarias que representan el 2% de BlackRock, uno de los titanes de las finanzas internacionales por un monto de 10,000 millones de dólares. Esta compañía es quizá la principal institución financiera en manejo de fondos de inversión de alto riesgo de todo el mundo. Para dar una idea de los activos de BlackRock (incluyendo bancos, fondos de inversión y corporaciones) éstos representan más del 100% del Producto Interno Bruto de China o bien once veces más que el PIB de México.

Pero ¿qué significado tiene que Slim adquiriera activos en una firma como BlackRock?, pregunta el investigador de la UNAM Omar Rodrigo Escamilla Haro, especialista en integración regional entre México y Estados Unidos. De acuerdo con el especialista, Slim realizó dos movimientos en el mercado financiero. El primero, cuando anunció la escisión de los activos inmobiliarios y mineros del Grupo Carso para crear dos nuevas empresas: Inmuebles Carso y Minera Frisco. El segundo, y quizá el más impresionante, cuando Inmobiliaria Carso compró el 2% del BlackRock Group.

Este consorcio fue creado en 1998 por Roger Altman, exsubsecretario del Departamento del Tesoro estadunidense durante el gobierno de Bill Clinton y uno de los principales promotores de la eliminación de la ley Glass-Steagall o Banking Act, que impedía el crecimiento de los activos financieros estadunidenses.

Entre los mayores accionistas propietarios de BlackRock, se encuentran Bank of America, Goldman Sachs, Bank of New York Mellon, Morgan Stanley y el Citigroup. Lo sorprendente es que se trata de los bancos que, de acuerdo con Simon Johnson, economista y exfuncionario del Fondo Monetario Internacional, y James Kwak, exconsultor de McKinsley & Co, son los responsables del cataclismo económico de 2007-2008. Incluso, algunas de estas entidades continúan bajo investigación federal del gobierno estadunidense por malversación de fondos del Programa de Alivio de Activos en Problemas, que ese país desarrollara para reactivar su sistema financiero.

De acuerdo con Omar Rodrigo Escamilla Haro, una de las cuestiones más inquietantes cuando observamos a BlackRock es la red de intereses económicos y políticos que posee: exministros de finanzas, como Altman; exfuncionarios del Banco Mundial, como Abdlatif Yousef Al-Hamad, quien también fuera ministro de Hacienda y Planificación de Kuwait; antiguos directores generales de bancos, como Deryck Maughan, de Citigroup; vicepresidentes de empresas, como Dennis Dammerman, de General Electric.

Dentro de ese grupo sobresale un nombre importante para México, Ralph Schlosstein, director general de Lehman Brothers, que al mismo tiempo se ha desempeñado como CEO (*Chief Executive Officer*: director ejecutivo) de Evercore Partners, un *broker* (intermediario) financiero para grandes corporaciones que operan en territorio mexicano bajo el nombre Protego. La empresa fue fundada por quien fuera secretario de Hacienda y Crédito Público durante el sexenio de Carlos Salinas de Gortari, Pedro Aspe Armella, igualmente miembro del Consejo Internacional de Itaú Unibanco Holding, S.A., el banco brasileño intermediario en la compra de las acciones de NET por Embratel.

Éstos son sólo algunos nombres del grupo que integra BlackRock en lo que podría clasificarse como una red de tráfico de influencias y cruzamientos directivos, que tiene por objetivo asegurar el desarrollo de las inversiones y los intereses de los clientes de BlackRock alrededor del mundo.

Pero hay elementos importantes que pueden ayudarnos a entender la adquisición de Slim del 2% de BlackRock, y éstos son los activos (acciones ordinarias y preferenciales) que dicha firma posee en cuatro de las diez empresas mineras más importantes de América Latina, las cuales aportaron, en 2009, más de tres cuartas partes de los 63,600 millones de dólares generados por las diez empresas en conjunto.

La lista está integrada por algunos de los minerales más importantes y apoyada en datos de la Securities and Exchange Commission del gobierno de Estados Unidos, de acuerdo a reportes del año 2010:

Fierro y níquel. Minera Vale, empresa brasileña de capital mixto, mayor exportadora mundial de fierro y segunda mayor de níquel. BlackRock posee más de 45 billones 415 mil 956 millones de acciones de Vale, con activos por 1,432 millones de dólares.

Cobre. El complejo chileno Mina la Escondida, el más importante del mundo en producción de cobre, es controlado por BHP Billiton. BlackRock posee 1 millón 526 mil 898 de las acciones de BHP con un valor de más de 106 millones de dólares. En Southern Cooper Perú, empresa minera de cobre propiedad de Grupo México, BlackRock controla 19 millones 643 mil 996 acciones por un valor de 690 millones de dólares.

Oro. Mina Yanacocha es la mina más grande de oro en el mundo, localizada en Perú y controlada por Newmont Mining Corporation. BlackRock posee 40 millones 511 mil 663 acciones valuadas en 1,830 millones de dólares.

Existen dos aspectos relevantes para entender la compra de acciones de Slim en BlackRock. El primero tiene que ver con el incremento de 41% de las ganancias de Grupo Carso respecto del año anterior, impulsado mayoritariamente por sus negocios mineros e inmobiliarios; y el segundo se relaciona con la inversión de 4 mil 500 millones de pesos que Grupo Carso anunciara antes en las minas de San Francisco del Oro y la mina La Concheña, en Ocampo, Chihuahua.

Sin embargo, la asociación entre los dos gigantes no es nueva. Cuando AMX llevó a cabo su restructuración, parte de los 25,000 millones de dólares que costó adquirir las acciones de Carso Global Telecoms —controlador de Telmex y Telmex Internacional— tuvieron origen en la venta de 19 millones 877 mil 633 acciones, valuadas en 1,060 millones de dólares que BlackRock adquirió de AMX.

La participación, aunque minoritaria pero no menos importante, de Slim en BlackRock tiene relación con las declaraciones que este empresario hizo, el 28 de septiembre de 2010, en el Forbes Global CEO Conference, en Sidney, cuando estableció como buena opción el "aceptar inversiones energéticas fuera de México", en lo que pueden ser señales para abrir incuantificables recursos mineros de países como el nuestro.

Con lo anterior se observa la conexión de intereses entre el sector financiero más poderoso del planeta y uno de los monopolistas más grandes del mundo, donde el papel que ocupa México es el de una economía de tránsito que permite recomponer la rentabilidad de los grandes bloques de inversiones, pues mientras se extraen recursos naturales, se deja de recaudar impuestos para apoyar la construcción de infraestructura, sin contar los múltiples conflictos laborales que han caracterizado las inversiones de Slim. Cuestiones que según el investigador Escamilla Haro "colocan a este empresario como el verdadero Mr. Sell México".

La participación de Carlos Slim como uno de los jugadores globales se puede constatar en sus alianzas en España. En 2011 compró a través de Carso cerca de un millón de títulos de Criteria que pasó a convertirse en Caixabank, tras el acuerdo de la junta general de accionistas. La Caixa controla 81% del capital de Caixabank.

Caixabank es el brazo financiero de La Caixa, de la que Slim venía fungiendo como consejero desde mayo de 2010. La entrada del empresario mexicano fue un espaldarazo para el estreno bursátil de La Caixa, de la que el magnate mexicano es el segundo consejero con más acciones. Alcanzar una participación de 1% del capital supondría una inversión de unos 240 millones de dólares. A su vez desde 2008 la Caixa venía ejerciendo como socio único para la expansión de Inbursa en México. Criteria invirtió 1,500 millones de euros (alrededor de 2,000 millones de dólares) en comprar el 20% del capital de Inbursa. La Caixa ha presentado ambiciosos planes de crecimiento para Inbursa ya que espera pasar de una cuota de mercado de 10% a 15% en 2014.

Cuando el mexicano apuntaló sus negocios con la Caixa, el presidente del Banco Santander, uno de los competidores de la Caixabank, reconoció de inmediato la visión y capacidad de Carlos Slim para los negocios cuando los periodistas le preguntaron sobre ese tema. "Si él invierte allí, es que ha visto un buen negocio a la vista. Eso es lo interesante."

En 2007 cuando Carlos Slim era ya una celebridad mundial con alrededor de 50,000 millones de dólares y figuraba entre los tres hombres más ricos del planeta, surgieron muchas preguntas en los medios más importantes especializados en negocios, incluso el influyente *The New York Times* ya se ocupaba ampliamente de Slim. Eso condujo a que *The Wall Street Journal* encargara a David Luhnow un informe más amplio, que confirmara la primacía de Slim y explicara su veloz crecimiento. El texto apareció simultáneamente en el diario neoyorquino y en México, en la sección de negocios del periódico *Reforma*; así lo hizo constar el reconocido columnista Miguel Ángel Granados Chapa, uno de los más leídos en el país.

David Luhnow escribió en *The Wall Street Journal*:

¿Cómo logró este mexicano hijo de inmigrantes libaneses llegar a estas cimas? Lo hizo al ensamblar monopolios, algo parecido a lo que hizo John D. Rockefeller con la industria de la refinación del petróleo durante la era industrial. En el mundo postindustrial, Slim ha construido un baluarte en torno de la telefonía en México. Sus compañías

Teléfonos de México (Telmex) y Telcel controlan 92% de todas las líneas fijas y 73% de la telefonía móvil, respectivamente. Al igual que Rockefeller en su momento, Slim ha acumulado tanto poder que es considerado un intocable en su país, una fuerza tan grande como el Estado mismo.

Imposible que Luhnow dejara de establecer el terrible contraste de que el hombre más rico del mundo resida en uno de los países más pobres, el 103 entre 126 en una escala de igualdad medida por la ONU: "En los últimos dos años, Slim ha ganado casi 27 millones de dólares al día mientras que un 20% de la población vive con 2 dólares o menos al día".

En este sentido, pero en menor medida que Gates y Buffett, Slim ha emprendido labores filantrópicas. Una vistosa campaña de publicidad de una de sus fundaciones estaba destinada a subrayar ese rasgo de Slim, a quien no se citaba por su nombre: "En Fundación Telmex hemos cambiado la historia de cientos de miles de niños, jóvenes, adultos y personas de la tercera edad, con programas que buscan ayudar en la solución de los problemas estructurales de México: educación, salud, nutrición y justicia, entre los más importantes".

Descifrar códigos

Ni los más feroces críticos de Carlos Slim pueden poner en duda su toque como inversionista, un auténtico hacedor de riqueza que genera empleos y bienestar dondequiera que se involucre en algún negocio. La percepción de los estadunidenses, por ejemplo, es que supo construir un imperio y es visto como un triunfador.

Desde su juventud Slim conoció los códigos que rigen a la sociedad estadunidense, y muchos de sus conocimientos sobre cómo operan los negocios en Estados Unidos los aprendió de sus múltiples lecturas en la biblioteca del New York Stock Exchange, donde realizó investigaciones sobre temas financieros, a lo que habría que agregar su contacto con las elites del poder y el dinero de la nación más poderosa.

La revista *Fortune* ha comparado el perfil de Slim con el de uno de los grandes magnates estadunidenses, John D. Rockefeller. La cadena CNN y la revista *Time* lo ubican entre los veinticinco ejecutivos de las empresas más influyentes del mundo, al lado del brasileño Carlos Ghosn, director ejecutivo de Nissan, y de los estadunidenses Bill Gates, de Microsoft; Steve Case, presidente de America Online; Jerry Levin, director ejecutivo de AOL; Robert Rubin, director ejecutivo de Citigroup; Michael Dell, director ejecutivo de Dell Computer; Stanley O'Neal, presidente de la financiera Merrill Lynch; Andre Action Jackson, presidente de JFPI Corporation; Rupert Murdoch, presidente de News Corp.; Jeffery Immelt, director ejecutivo del conglomerado General Electric; Oprah Winfrey, la influyente figura televisiva; Andrea Jung, directora ejecutiva de los productos de belleza Avon, y el británico sir John Browne, presidente de British Petroleum.

El *New York Post* también lo considera entre los veinticinco latinos más influyentes en Nueva York, en ámbitos como las artes, la moda, la salud, la política, los medios de comunicación y la filantropía. En esta lista Slim destaca al lado de Virgilio Garza, responsable del departamento de arte latinoamericano de la casa de subasta Christie's; Julián Zugazagoitia, director del Museo del Barrio; del diseñador de modas brasileño asentado en Nueva York, Francisco

131

Costa, director creativo de la firma Calvin Klein; de la colombiana Nina García, editora de moda de la revista *Marie Claire*; Rossana Rosado, consejera delegada de *El Diario/La Prensa*; Rosario Dawson, cofundadora de Voto Latino; el puertorriqueño Luis Ubiñas, presidente de la Fundación Ford; la mecenas Yaz Hernández; René Alegría, del grupo editorial HarperCollins; el escritor dominicano Junot Díaz, premio Pulitzer; Lin Miranda, guionista de "In the Heigths"; el actor cubano Raúl Esparza; César Perales, responsable del Fondo para la Defensa Legal y la Educación de los Puertorriqueños; Anthony Romero, director ejecutivo de Unión de Libertades Civiles de Estados Unidos, y la juez Sonia Sotomayor.

La presencia de Slim en Estados Unidos cada vez es más importante. Es miembro de la Junta Directiva de la Corporación RAND (Research and Development), organización de investigación sin fines de lucro, que ofrece asesoría y soluciones en todo el mundo sobre asuntos de política y comercio, entre otros temas.

Es un fuerte impulsor de la Fundación Clinton que encabeza el expresidente Bill Clinton, a la que destinó un fondo de 100 millones de dólares para combatir la pobreza en Latinoamérica.

De la misma manera, Slim es un importante colaborador del Fondo Mundial para la Naturaleza, al cual otorgó fondos por 100 millones de dólares para preservar la biodiversidad de México en diecisiete áreas naturales agrupadas en seis regiones del país. El Fondo Mundial para la Naturaleza (World Wide Fund for Nature) es la más grande y respetada organización conservacionista independiente del mundo. Su misión es detener la degradación del ambiente natural del planeta y contribuir a la construcción de un futuro donde los seres humanos convivan en armonía con la naturaleza. Cuenta con unos cinco millones de miembros y una red mundial de veintisiete organizaciones nacionales, cinco asociadas y veintidós oficinas de programas, que trabajan en más de cien países. La sede internacional está ubicada en Suiza y la sede para América Latina se encuentra en Estados Unidos.

Para los estadunidenses no fue extraño que el secretario general de la Organización de las Naciones Unidas, Ban Ki Moon invitara a Carlos Slim a una reunión para el asesoramiento sobre el cambio climático. Tampoco sorprendió que, a mediados de 2009, Slim recibiera la "Medalla del Presidente", por parte de la Universidad George Washington, por la labor filantrópica que realiza a través de las diversas fundaciones que preside. Este reconocimiento fue instituido en 1988 y, desde entonces, esa medalla ha sido entregada a personalidades como Mijail Gorbachov, Walter Cronkite, al primer ministro israelí y premio Nobel Shimon Peres, entre otros.

Otros galardones recibidos por Slim son el Golden Plate Award, otorgado por la American Academy of Achievement; el World Education and Development Fund; Empresario del año (Latin Trade 2003); el Alliance Award 2004, otorgado por Free Trade Alliance; el Hadrian Award (2004), otorgado por World Monuments Fund y reconocido como el Empresario de la Década (Latin Trade 2004).

La relación de méritos de Carlos Slim es impresionante, sus múltiples reconocimientos van de México a América Latina, y de Estados Unidos a Europa. En Japón hay un inusitado interés de organizaciones no gubernamentales para que en las escuelas públicas sea considerado como un ejemplo de perseverancia.

Los medios internacionales enfocan sus reflectores a todo cuanto hace el magnate mexicano. Cuando el multimillonario Bill Gates visitó a Slim para intercambiar puntos de vista sobre el mercado de internet tanto en México como en Estados Unidos, el encuentro causó revuelo, sobre todo, en los medios estadunidenses. El fundador de Microsoft visitó la ciudad de México para recibir la condecoración en plata de la Orden Mexicana del Águila Azteca, la distinción más alta que el gobierno mexicano impone a un extranjero por servicios destacados prestados al país. Gates había donado miles de computadoras a las bibliotecas públicas y ofreció asistencia al gobierno mexicano para la atención de enfermedades como sida, paludismo, tuberculosis y otros padecimientos comunes en países en vías de desarrollo.

En ese encuentro, Gates abordó, junto con Slim, el tema del mercado de la publicidad en internet. Ambos analizaron la necesidad de incrementar la penetración de los servicios que podrían brindar a través de sus compañías. Microsoft y Telmex tienen una alianza para ofrecer servicios de internet y publicidad en México a través de la página www.prodigy.msn.

En 1997 Slim rescató de la quiebra al proveedor de servicios de internet Prodigy agregándole una interfase en español y elevando su número de clientes de menos de 200 mil a más de tres y medio millones de suscriptores.

La presencia de Slim en Estados Unidos es cada vez más fuerte, por ejemplo, a finales de 2008 adquirió 8% de la compañía Bronco Drilling al comprar 2.2 millones de acciones por un monto cercano a los 15 millones de dólares. Esta empresa está dedicada a la producción de plataformas petroleras y tiene contratos para perforar tres pozos petroleros en México.

Entre las numerosas inversiones de la familia Slim en Estados Unidos, destacan las realizadas a principios de 2009, entre ellas la compra de 29 millones de acciones de Citigroup, por parte de la casa de bolsa Inbursa, por un valor de 150 millones de dólares, y la adquisición a través de Inmobiliaria Carso de 300 mil nuevas acciones de la cadena de tiendas de lujo Saks Fifth Avenue, sumadas a las 25.5 millones adquiridas en 2008.

El grupo de Slim posee acciones en MCI y en Global Crossing, Office Max, Circuit City, Borders y, por si eso no bastara, Carso Global Telecom, depositaria de la mayoría de las acciones de control de Telmex, opera servicios de telecomunicaciones en Estados Unidos, lo mismo que América Móvil, empresa que provee servicios inalámbricos en territorio estadunidense. Habría que agregar que Carso Global Telecom atiende a consumidores de bajos ingresos, principalmente hispanos en Estados Unidos, que tienen muy poco o ningún acceso al crédito.

Como en muchas partes del mundo, Carlos Slim es ahora una de las voces más escuchadas y respetadas en Estados Unidos. Desde luego que no ha estado exento de las críticas de algunos de los más influyentes medios estadunidenses que han debatido sobre el papel de las inversiones del magnate mexicano.

La compra de un paquete accionario del más influyente diario estadunidense, *The New York Times*, lo puso en el centro del huracán. Fama, poder, éxito, autoridad, todo se conjuntó en esa operación que sólo representó un desembolso de 250 millones de dólares; no obstante, fue una compra de acciones de alto impacto social y político.

Algunas voces recelosas se dejaron escuchar desde que se hizo pública la compra de acciones de *The New York Times*.

"Muchos magnates extranjeros están comprando barato. Estados Unidos debe habituarse a ello... Vamos a tener todos estos intereses extranjeros como dueños de empresas estadunidenses. Es uno de los fenómenos que aceleró la recesión… Con su participación en el *New York Times*, Carlos Slim básicamente se está proyectando como una persona con enorme influencia en este país, al margen de cómo le vaya a su inversión", hizo notar el reconocido analista Armand Peschard-Sverdrup, del Centro para Estudios Estratégicos e Internacionales de Washington.

En opinión de George Grayson, académico investigador del College of William and Mary de Virginia, y uno de los más feroces críticos de Slim, no creyó que el magnate mexicano pudiera interferir en la política editorial por su compra de acciones de *The New York Times*. Eso sí, expresó, "quienes leemos *The New York Times* todos los días probablemente destapemos botellas de champagne, porque, a menos que consigan capital, estos diarios van a reducir sus servicios".

En consonancia con Grayson, el profesor de sociología de la Universidad de Columbia, Todd Gitlin, señaló que "invertir sin buscar influencia mejoraría la reputación de Carlos Slim… creo que sería tonto de su parte interferir en el periódico… se beneficiaría de una reputación global al estar por encima de una simple interferencia".

Para Alex Jones, profesor de la Universidad de Harvard y autor de *The Trust*, considerada como la biografía definitiva de los Sulzberger y *The New York Times*, la compra de acciones por parte de Slim "es lo más parecido al inversionista ideal, porque Slim es un hombre que ya ha hecho su fortuna y de alguna manera es un empresario como lo fue Adolph Ochs (el patriarca de *The New York Times*)".

Tom Rosenstiel, del Proyecto de Excelencia Periodística y antiguo crítico de medios en *Los Angeles Times*, consideró que la adquisición de acciones por parte de Slim "es la de un fuerte aliado al darles el efectivo que necesita, para poder reforzar, no debilitar, la posición de la gerencia de *The New York Times*".

"Lo que está claro es que el periódico necesita dinero y Slim lo tiene, por ello podría ayudar a rescatar al diario prestándole un financiamiento y dándole tiempo para que haga los cambios necesarios para que la empresa siga siendo rentable", fue la opinión de Shannon K. O'Neil, experto en Latinoamérica del Consejo de Relaciones Exteriores de Nueva York.

En ese sentido, Janet Robinson, la presidenta ejecutiva de *The New York Times*, hizo saber que el capital inyectado por Slim a la compañía sería usado de inmediato para refinanciar deudas y darle a la empresa mayor flexibilidad económica.

Mucho antes del 2007 el influyente diario venía arrastrando problemas financieros por la reducción de publicidad, lo que provocó recorte de costos, además de la creciente competencia del *The Wall Street Journal*, adquirido por el magnate de los medios Rupert Murdoch.

Tiempo atrás los Sulzberger, en un acto de soberbia, se permitieron dar lecciones a los Bancroft, fundadores de *The Wall Street Journal*, cuando éstos sucumbieron ante Murdoch, erigiéndose entonces en los representantes de la gran prensa independiente y de prestigio de "toda la vida".

Hacia el cierre del segundo semestre de 2007, la empresa reportó que su utilidad neta trimestral había crecido a 118.4 millones de dólares, u 82 centavos de dólar por acción, frente a los 59.6 millones de dólares, o 41 centavos por título, en el mismo periodo del año anterior.

La venta de la división de medios audiovisuales contribuyó con 66 centavos de dólar a las ganancias por papel de la compañía. *The New York Times* también reportó una pérdida de 29 centavos de dólar por acción por otras ventas de activos, como una imprenta, y una pérdida de 5 centavos por título debido a gastos por depreciación acelerada.

"Mientras nuestros resultados del segundo trimestre reflejaron la debilidad del mercado de publicidad gráfica [...] seguimos moviéndonos agresivamente hacia el desarrollo de nuevos productos, recortes de costos y un reequilibrio de nuestra cartera", informó Janet Robinson en un comunicado.

Lo cierto es que la firma editorial había sido golpeada por una caída en los ingresos publicitarios debido a la migración de lectores hacia internet, así como por la declinación del mercado de la vivienda estadunidense y otros factores económicos.

En términos financieros el 2008 fue muy duro para *The New York Times*. La crisis había tocado a las puertas del más influyente periódico del mundo. La empresa tenía encima un compromiso de 1,100 millones de dólares de deuda y un crédito por 400 millones de dólares que vencía en mayo, pero en caja se contaba con sólo 46 millones de dólares en efectivo.

Se necesitaba con urgencia una transfusión de dinero para un diario que, por primera vez en su historia, había tenido que recortar plazas en su redacción, congelar salarios y vender anuncios en primera plana. Para tratar de solventar sus problemas financieros, los dueños del *Times* buscaban con desesperación vender diecinueve de los cincuenta y dos pisos del edificio donde se encuentra su sede, en Manhattan, a una empresa de inversión y gestión; no obstante, el diario seguiría ocupando los otros pisos. Las ganancias de la venta se utilizarían para pagar parte de sus deudas. Otros de sus activos puestos en venta fueron el equipo de beisbol Medias Rojas de Boston y el periódico *The Boston Globe*.

Durante la vorágine de su crisis los ejecutivos de *The New York Times* anunciaron el cierre de su filial de distribución City and Suburban, lo que supondría el despido de 550 trabajadores, un 5.4% de su plantilla, además de preparar un plan para reducir el número de secciones y un incremento al precio por ejemplar.

La situación de *The New York Times* se volvió insostenible debido a la caída del 70% en el precio de sus acciones, desde un máximo de doce meses de 21.14 dólares alcanzado en abril de 2008.

Carlos Slim entró al rescate de *The New York Times* al suscribir acuerdos por 250 millones de dólares con dos de sus compañías: 125 millones de dólares en compra de acciones a través de Banco Inbursa y otro tanto igual mediante la Inmobiliaria Carso.

El convenio fue la compra de 9.1 millones de acciones clase "A" por un lapso de seis años con garantías que son convertibles en acciones comunes. Las notas llevan una tasa de interés de 14%, de las cuales 11% son pagaderas en efectivo y un 3% en bonos adicionales. En principio Slim obtendría 6.4% de las acciones.

Con base en las cláusulas del convenio, Slim no estará representado en la junta de *The New York Times*, ni tendrá derechos especiales de voto. Pero cuando ejerza las garantías, tendría el 17% de las acciones comunes de la compañía, convirtiéndolo en el accionista mayoritario, aunque los principales dueños son la familia Ochs-Sulzberger con 19% de las acciones de la empresa y con derechos especiales de voto.

A finales de febrero de 2009, de acuerdo con documentación remitida por The New York Times Company a la Comisión de Bolsa y de Valores de Estados Unidos, las empresas de Carlos Slim aumentaron su participación de 6.4 a 7% del capital, a través de múltiples compras de acciones que rondaron los 3.7 millones de dólares por parte de Inmobiliaria Carso.

Antes de que se hiciera pública la inyección de recursos por parte de Slim, las empresas de inversión Harbinger Capital y Firebrand Partners compraron una importante participación en *The New York Times*. Las inversiones de Slim y de esas dos firmas representan juntas más del 30% del capital y superan el 19% de los Sulzberger. Otro de los accionistas de *The New York Times* es el fondo T. Rowe Price Group, con un 11%, que sería el segundo accionista en importancia.

Algunos analistas consideran que esa inyección de recursos no garantiza una restructuración del rotativo, debido a la distribución accionaria y al control que ejerce la familia Sulzberger, que a través de la posesión del 90% de las acciones de tipo "B", mantienen el denominado súper derecho de voto.

Slim en una entrevista con *The New Yorker* informó que su inversión en *The New York Times* no estuvo motivada por intereses en los contenidos del medio, sino en los canales de comunicación que transmiten dichos contenidos, como la televisión, internet y los teléfonos celulares.

Al cumplirse el primer año de sus inversiones, Slim se planteó ejercer el derecho de compra de sus propias inversiones en *The New York Times*, compañía que se vio forzada a suspender el pago de dividendos a los accionistas al no superar la crisis que envuelve a la mayoría de los medios impresos de Estados Unidos.

A pesar de todo, el presidente del directorio ejecutivo de The New York Times Company, Arthur Sulzberger, elogió a Carlos Slim como "leal al *Times*", en un artículo que publicó en la página de internet de ese rotativo y que formó parte de "Los 100 más influyentes de *The New York Times* para el 2009".

"Si bien hubiera sido una buena idea que llegara a conocerme a mí y a mis colegas, fue obvio, desde el momento en que nos conocimos, que Slim era verdaderamente leal al *Times*... Slim es un hombre de negocios muy astuto que comprende las grandes marcas... y muestra un profundo entendimiento del papel que las noticias, la información y la educación tienen en nuestra sociedad mundial interconectada".

Otra de las experiencias de Carlos Slim con los medios se dio con la compra del 1% de las acciones del diario *The Independent* de Londres que edita el consorcio Independent News and Media (INM). La inversión fue por un monto estimado en 18 millones de euros y dio lugar a muchas especulaciones.

Desde hace años los principales accionistas de *The Independent* se encuentran en pugna. Sir Anthony O'Reilly y su socio Denis O'Brien prolongan una feroz disputa por el control del diario. La familia de O'Reilly controla 28% del INM, mismo que posee *The Independent*, el *Belfast Telegraph* y otros periódicos más en Irlanda, Australia y Sudáfrica. Denis O'Brien posee 20% de las acciones. Los medios ingleses especularon sobre los motivos de Carlos Slim para adquirir el paquete de acciones de *The Independent*. Se supuso que habría una negociación con Denis O'Brien, dueño de Digicel, considerado el principal operador de telefonía móvil en la zona del Caribe, y competidor de Slim en esa región.

Pero en medio de las pugnas entre los socios del INM, las acciones de la compañía que edita *The Independent* se depreciaron en 85%. Las acciones que antes se cotizaban en casi cuatro euros bajaron su valor a menos de dos dólares en la Bolsa de Londres entre mayo de 2008 y junio de 2009.

Por lo anterior, el empresario mexicano admitió que la inversión en ese periódico "fue una decisión errónea". Es evidente que Slim no quiere jugar al *Ciudadano Kane* como lo están haciendo los grandes magnates de los medios Ted Turner, el polémico Rupert Murdoch, Anthony

141

O'Reilly o Denis O'Brien, quienes quizá ansían ser hombres tan poderosos como lo fue, en su tiempo, William Randolph Hearst.

En los próximos años el principal reto de Carlos Slim es crear el capital físico y humano en América Latina para contribuir, en la medida de sus posibilidades empresariales, a combatir los rezagos de la pobreza y el desempleo que aquejan a la región. Porque la brecha existente entre los países ricos y los pobres podría encontrar explicación en un proverbio chino que sentencia: "Los malos gobiernos se preocupan por los ricos, los buenos gobiernos se preocupan por los pobres".

Como escribió en *Rostros* el periodista Diego Fonseca:

> ¿Quién puede cuestionar el deseo de un hombre que ha generado más riqueza que decenas de presidentes latinoamericanos? Con una fortuna personal superior a la suma del PIB de Costa Rica, Uruguay y Ecuador y la decisión de trabajar para mejorar las condiciones del desarrollo económico regional, el ingeniero se ha ido preparando en la última década para volverse parte de los libros de estudio.

Slim sabe de la situación por la que atraviesan muchos de los países latinoamericanos con economías inmaduras y que están urgidos de una fuerte inversión social. Sobre ese particular ha dicho:

> Creo que en América Latina cada país cuenta con sus propias condiciones. Un país con mil millones de personas es diferente a un país con un millón.

Un país con tanta gente tiene una economía interior muy amplia y será el principal aspecto a manejar. Pero creo que cada país tiene su propia situación y su propio paso de desarrollo, pero lo que sí queda claro es que todos aprenderán o deberían aprender de China o Corea, pero principalmente aprender que ellos tienen una educación muy avanzada, que va desde la alfabetización tradicional a la intel-alfabetización (alfabetización computacional). No enseñar el A, B, C, D sino la convergencia, conectividad y educación moderna. Los niveles de educación media y superior, y un gran esfuerzo en la educación, y ciencias, tecnología e ingeniería. En calidad de primer ministro de Francia, el cardenal Richelieu, en la primera mitad del siglo XVII, dijo que era necesario dar soporte a las artes mecánicas. Hablaba de la educación mecánica. Pienso que ahora es muy importante enseñar todo este tipo de aspectos, sin hacer a un lado el humanismo (las humanidades) y crear trabajo y actividad económica, de inversión y reinversión.

La inquietud de Slim hacia el futuro lo ha llevado a asumir nuevos compromisos. Está consciente de la enorme tarea que representa contribuir al desarrollo de la gran mayoría de estos países, muchos de los cuales enfrentan problemas de estabilidad social y política. No obstante, Slim habla con convicción acerca de sus retos para el futuro inmediato, consciente de que está compitiendo las veinticuatro horas del día: por la mañana con las compañías estadunidenses, por la tarde con las europeas y por la noche con las asiáticas.

Mi prioridad es crear el capital físico y humano en nuestros países de Latinoamérica. Ése es mi reto.

143

Eso es en lo que más estoy involucrado e interesado en este momento: salud, nutrición, educación de la salud, trabajo e infraestructura física. Eso significan nuevas obras como aeropuertos, puertos, caminos, carreteras, plantas de energía, energía, telecomunicaciones, hogares, etcétera.

Desde que dejó a sus herederos la administración de sus empresas dentro y fuera de México, Slim se ha concentrado en enfrentar este reto, a través de fundaciones y empresas que han requerido inversiones millonarias.

Creo que la pobreza no se puede enfrentar a través de dádivas. No puedes luchar contra este flagelo mediante donaciones deducibles de impuestos o con programas sociales. La pobreza la enfrentas sólo con una buena educación y con puestos de trabajo. El empleo es la única forma de luchar contra la pobreza y, en el pasado, el tema de la pobreza era un asunto ético, moral, de justicia social. Hoy, en esta nueva civilización, la lucha contra este problema se ha convertido en una necesidad de desarrollo. Si no enfrentamos a la pobreza ningún país se va a desarrollar. En el pasado había esclavos, luchas por la tierra y, al final, la gente trabajaba para nada. Ahora no necesitamos tanto del esfuerzo físico; lo que se requiere, sobre todo, es esfuerzo mental y el desarrollo de nuestras habilidades. Para eso es necesario contar con una mejor educación y con capital humano. De eso estoy convencido y para eso estoy trabajando.

Slim ha propuesto una alianza latinoamericana de ricos contra la pobreza. De esta manera la mayoría de los empresarios más poderosos de la región ha ido dando

144

los primeros pasos para constituir una sociedad para el financiamiento del desarrollo latinoamericano en la que participarían inversionistas, bancos privados, los mercados de valores, quizá los bancos de desarrollo y las instituciones financieras mundiales.

Desde su perspectiva el Consenso de Washington no rindió los frutos esperados. Durante dos décadas la región presentó un crecimiento de cero por ciento y hubo muchos periodos de "zigzag". Algunos de los postulados de aquel acuerdo eran muy buenos —dice Slim— pero no se supieron o no se pudieron implementar.

Durante los años dorados de la "reaganomics" y, por supuesto, de los "Chicago Boys" —cuando se desató la mayor crisis de deuda— surgió el Consenso de Washington, término acuñado por el economista inglés John Williamson, quien recogió los postulados de ese plan económico en un libro publicado por el Institute of International Economics de Washington y en el que se recopilaron las conclusiones de medio centenar de economistas de Europa, Estados Unidos y América Latina, los cuales analizaron las experiencias de las políticas de ajuste y de reforma estructural implementadas en muchos países, principalmente los del llamado Tercer Mundo, que siempre han sido los países más endeudados.

El Washington Consensus se integró, al menos en parte, con medidas implementadas por el Banco Mundial, el Fondo Monetario Internacional, el Banco Interamericano de Desarrollo y las principales agencias económicas y financieras del gobierno de Estados Unidos.

Las diez áreas de interés de ese programa eran: disciplina fiscal, inflación, gasto público, reforma fiscal, tasas de interés, tipo de cambio, política comercial, inversión extranjera directa, privatizaciones y desregulación.

En términos estrictos, el Consenso de Washington era un verdadero recetario del neoliberalismo y con él comenzaron los primeros pasos hacia la globalización.

Lejos del Consenso de Washington, para Carlos Slim una de las opciones para sacar a Latinoamérica de sus rezagos es realizar mucho más inversión social en la región. A partir de estas bases, Slim arrancó su nuevo proyecto empresarial a través de la Impulsora del Desarrollo y el Empleo en América Latina (IDEAL), a finales de 2005, con una inversión inicial de alrededor de 8 mil millones de dólares para impulsar la adquisición, administración, construcción, explotación y desarrollo de obras viales, energéticas, hidráulicas y todo lo referente a la infraestructura para el desarrollo de los países de la región.

La estrategia consistió en asociarse con inversionistas locales en cada uno de los países latinoamericanos que presentan grandes necesidades en materia de desarrollo de infraestructura y que, además, constituyen un potencial de negocio importante.

En esta tarea titánica Slim ha logrado la colaboración de reconocidos especialistas con experiencia empresarial y en la administración pública como el exsecretario de Hacienda David Ibarra Muñoz; Fernando Solana Morales, exdirector de Banamex, exsecretario de Educación y de Relaciones Exteriores; Daniel Díaz Díaz, exsecretario de Comunicaciones y Transportes, y Guillermo Gutiérrez Villalobos, exdirector de la Comisión Federal de Electricidad, de la Compañía de Luz y de la Comisión Nacional del Agua.

Para Ignacio Ponce de León, quien entre 1995 y 2005 fue director de análisis del área de investigación para deuda en mercados emergentes del banco de inversión JP Morgan Chase de Nueva York, Slim es un verdadero "genio".

Slim ha estado comprometido con América Latina, e incluso reconoce que después del "boom" inicial de aquella iniciativa muchos activos se quedaron huérfanos, sus patrocinadores decidieron abandonarlos, por lo que el empresario mexicano tiene el compromiso y la visión, además de poseer el capital y la capacidad para derivar beneficios de aquel esfuerzo. "Simplemente Slim —dice Ponce de León— puede ver valor en las empresas donde nadie más lo ve." "Todavía, antes del 2000", añade, "nadie esperaba que Slim fuera el gran jugador de las telecomunicaciones en América Latina. Creíamos que iban a ser los desarrolladores de tecnología, no los administradores de servicios".

Los primeros pasos en la región se dieron a través de sus empresas América Móvil y Telmex, pero a partir del 2005 las empresas de Slim en Latinoamérica se comenzaron a diversificar y consolidar, casi sin depender de préstamos. En México ha generado tanta riqueza que tenía el reto de expandirse e ir más allá.

América Móvil, la pionera de las empresas de Slim en el continente, fue incluso nombrada como la empresa tecnológica de más alto rendimiento en el mundo en 2007 por *Businessweek*. Para obtener el galardón, venció a empresas como Apple, Google, Dell y Microsoft.

Si bien Telmex está dentro de las diez empresas latinoamericanas mejor posicionadas con un valor de mercado calculado en alrededor de 40 mil millones de dólares, América Móvil triplica en valor a Telmex. Es un verdadero monstruo que no sólo opera en la mayoría de los países de América Latina, sino que además se ha expandido a Estados Unidos y España a través de esquemas de comercializadoras. Esta compañía es una de las cinco mayores operadoras de teléfonos celulares del mundo por su número de clientes.

Slim, aparte de las telecomunicaciones, se ha dado a la tarea de adquirir, controlar y administrar empresas dedicadas a la infraestructura en América Latina a través de IDEAL. Los proyectos de inversión en los países de Centro y Sudamérica superan montos a los 100 mil millones de dólares para el 2015, principalmente por la construcción de obras de infraestructura como centrales hidroeléctricas, energéticos, autopistas y puentes.

Para el impulso de sus proyectos creó Carso Infraestructura y Construcción (CICSA), una empresa que creó en sólo dos años y que es del tamaño de ICA (Ingenieros Civiles Asociados), empresa que tardó medio siglo en dimensionarse. Otras empresas del grupo Carso son Swecomex y PC Construcciones, especializadas en construcción de plataformas petroleras y todo tipo de obras relacionadas con el sector energético.

Dentro de las ramas y divisiones del Grupo Financiero Inbursa se cuenta con el consorcio Proyecto para el Desarrollo, que es una asociación civil de investigación científica y tecnológica para la realización de estudios de factibilidad de proyectos de infraestructura.

Indudablemente hay mucho por hacer en la gran mayoría de los países de la región. Rebeca Grynspan, directora para América Latina y el Caribe del Programa de las Naciones Unidas para el Desarrollo (PNUD), en un esbozo sobre la pobreza y la desigualdad, advierte que "estamos entrampados porque no crecemos para reducir la pobreza. Actualmente hay 200 millones de pobres pero [serían] sólo 100 millones si se hubieran mantenido las tasas de desigualdad de los años sesentas".

La Organización de las Naciones Unidas para la Agricultura y la Alimentación, la FAO, ha hecho notar la realidad latinoamericana al mostrar el siguiente indicador: 53 millones de personas, que equivalen al 10% de la población, no tienen acceso suficiente a alimentos, y la desnutrición crónica afecta a diez millones de niños.

La Comisión Económica para América Latina y el Caribe (CEPAL) también ha advertido que si no se actúa pronto promoviendo más inversiones, inevitablemente se provocaría que diez millones más de latinoamericanos caigan en la pobreza extrema y un contingente similar pasaría a la condición de pobres.

Rebeca Grynspan propone que para revertir esta situación es necesario invertir más en educación:

> ¿Cómo vamos a construir un proyecto común de sociedad si no nos conocemos? Para empezar hay que incentivar la educación de los trabajadores menos calificados, capacitar mejor a los profesores, ver a la educación como una cadena indivisible que empieza en la educación prescolar, pasa por la básica y secundaria y termina en la educación universitaria y técnica.

Según Grynspan sólo el 50% de los trabajadores en América Latina tienen alguna cobertura de protección social. Se necesitan sistemas sociales más integrados basados en los principios de universalidad, eficiencia y solidaridad; sistemas solidarios que combinen sistemas contributivos y no contributivos. Habría que agregar a esto que 25% de los jóvenes de los países de esta zona ni estudian ni trabajan y muchos provienen de familias desarticuladas.

Respecto a la relación entre sociedad y mercado, y Estado y sociedad, Grynspan puntualiza:

Las características de las familias han cambiado, pero muchos de estos cambios requieren de mercados más flexibles de trabajo pero que no impliquen desprotección social, es por eso que dentro de la gobernabilidad económica tenemos políticas sociales premercado y postmercado pero no tenemos políticas de equidad en el mercado, que habría que enfrentar con regulaciones correctoras.

A partir de las nuevas inversiones, tanto privadas como estatales en la mayor parte de los países latinoamericanos, la región ha mostrado una ligera tasa de crecimiento de alrededor de 5% e inclusive ha disminuido la deuda externa, ha disminuido el desempleo y un mayor número de empleos es asalariado. Si bien la pobreza también es un poco menor —40% de la población está bajo el nivel de pobreza— es indudable que apenas hemos llegado al final de la primera década del presente siglo al mismo nivel de los ochenta, lo que significa que le tomó a América Latina más de veinticinco años para recuperarse de la crisis de esa década.

Ante el interés que ha despertado América Latina entre los inversionistas en los últimos años, Grynspan considera que el principal desafío es:

Cómo administrar esta bonanza, cómo invertir con seriedad para asegurar un crecimiento a largo plazo. Un aspecto importante es cómo potenciar la apertura comercial que se está dando a distinto ritmo en los países para que produzca un crecimiento y un aumento del bienestar más acelerados, ya que un estudio en dieciséis países de la región demostró que el impacto de la apertura comercial sobre los niveles de pobreza ha sido muy pequeño.

150

Para esta economista, América Latina necesita diversificar mercados y productos, fortalecer las cadenas productivas y generar mayor valor agregado con énfasis en las PyMEs, las pequeñas y medianas empresas que deben estar preparadas para ser "jalonadas" hacia niveles más altos de eficiencia y productividad.

Frente a la realidad latinoamericana se puede analizar la situación de otras naciones que presentan una mayor estabilidad social y un proceso educativo, económico y cultural.

Un dato importante que se debe subrayar, con base en los Indicadores del Desarrollo Humano, es el relativo a algunas cifras muy significativas que nos hacen reflexionar sobre lo que hace mucho tiempo se denominó "la riqueza de las naciones".

Lo primero que sorprende es que Noruega, el país con mayor desarrollo humano, tiene un Producto Interno Bruto que equivale a menos del 30% del PIB de México; es setenta veces menor que el de Estados Unidos y cinco veces más pequeño que el de Brasil. Datos similares rompen con el mito de que sólo los países desarrollados pueden lograr grandes economías y riquezas, puesto que entre los diez primeros países en desarrollo humano se encuentra Islandia, con apenas un PIB que representa el 1.5% del de México y una cifra casi inexistente frente al PIB de Estados Unidos.

Desde luego que las comparaciones provocan distorsiones y por lo regular se incurre en falacias, aunque conviene rescatar algunos datos; por ejemplo, un estudio de la revista *Time* indica que en América Latina la mejora económica durante el siglo XX fue más clara a pesar de numerosos altibajos. Dicho análisis se realizó a partir del valor derivado de calcular la renta en paridad del poder adquisitivo; a principios del siglo pasado la renta media de toda América Latina era aproximadamente el 15% de la de Estados Unidos y a principios del siglo XXI representa el 20%. El atraso aún es extremo.

Por supuesto que es sorprendente y escandaloso que ya dentro del siglo XXI una gran parte de la población mundial viva en condiciones de pobreza tal, que no tengan acceso a los bienes básicos que aseguren su subsistencia (alimentos, vestido y vivienda). Y aunque existen diferentes criterios, siempre relativos a la hora de definir la pobreza, las cifras que se suelen manejar son realmente demoledoras.

Para los gobiernos y para los inversionistas es un verdadero desafío revertir la situación actual de América Latina. Las empresas de Carlos Slim están presentes en toda la región. En la última década sus empresas han invertido en todo el mundo 80 mil millones de dólares. Es el grupo empresarial que más inversiones ha realizado en los últimos diez años.

VI. SELF-MADE-MAN

△

Una vida, una trayectoria

Benjamin Franklin solía decir que el hombre debería ser frugal. Una de sus máximas era: "Sólo gasta en lo que traiga un bien para otros o para ti. No desperdicies nada". Y señalaba también que "el hombre es a veces más generoso cuando tiene poco dinero que cuando tiene mucho, quizá por temor a descubrir su escasa fortuna". La filosofía de Franklin tiene muchas coincidencias con el pensamiento de Carlos Slim Helú.

Independientemente de su riqueza muchos se preguntan: ¿qué tiene este hombre que seduce a propios y extraños? La respuesta inmediata podría ser "su dinero". Todos los que sueñan con el éxito quisieran que Carlos Slim les confiara cómo hizo su fortuna hasta llegar a la cima. Ante esto Slim responde que no hay nada oculto, que su secreto consiste en trabajar, ahorrar e invertir.

Slim es quizá el ejemplo típico del *self-made-man*, el hombre que se ha hecho a sí mismo. No sólo se trata del clásico personaje que "estuvo en el lugar indicado en el momento indicado"; no. La historia de Carlos Slim difiere de la de muchos millonarios, aunque persisten algunos rasgos que caracterizan a casi todos ellos, como su actitud mental positiva, su disciplina, tenacidad y dedicación pero, sobre todo, su pasión por los negocios. Es un representante del dinero sagaz, que huele y sabe dónde hay dinero.

El interés de la gente acerca de este hombre nunca disminuye. En los cafés suelen escucharse largas conversaciones sobre su riqueza, sus obras de arte, las compras de acciones o de empresas que hace todos los días, de cuánto bajó o subió su fortuna. Millones de personas en todo el mundo lo admiran y respetan, desde el más modesto empleado hasta el más encumbrado estadista. En Japón y en China hay un inusitado interés por enseñar en las escuelas públicas la filosofía de vida de Carlos Slim. En cambio en México, aunque también se le admira, hay sectores que lo han estigmatizado porque, rompiendo todos los paradigmas, ha llegado a ser el hombre más rico del mundo dentro de un país donde imperan las más dolorosas contradicciones sociales.

Carlos Slim nunca ha visto su quehacer empresarial como un trabajo, pues desde niño su padre, don Julián Slim, lo integró al mundo de los negocios. Disfruta lo que hace y dice que el éxito nada tiene que ver con el corto plazo, el hoy o mañana, sino con la visión de futuro. Así ha logrado cumplir todas sus metas.

En términos generales le tiene sin cuidado aparecer en las revistas que ponen y quitan del ranking a los más ricos. Sin embargo, está consciente de su enorme responsabilidad como uno de los hombres de negocios más importantes del mundo. Genera cientos de miles de empleos en más de una veintena de países. Sumando sus empresas es el mexicano que más paga impuestos (más de 10,000 millones de dólares anuales); es uno de los mayores inversionistas del mundo (unos 70,000 millones de dólares), por eso ha sido considerado como uno de los seis hombres más poderosos del planeta, luego de los líderes de Estados Unidos,

China y Rusia, del director de la Reserva Federal y de los fundadores de Google, según la revista *Forbes*, cuyo listado está integrado por 67 personalidades, aproximadamente una por cada 100 millones de personas.

Los factores para encabezar la lista de los más poderosos, según la revista, se basan en el número de gente sobre la que influyen, la capacidad para proyectar poder más allá de su esfera inmediata, el control o acceso a recursos, y qué tan activamente ejercen ese poder. En este sentido, quienes han creado esta escala, sostienen que "el objetivo de compilar esta lista es exponer el poder, no glorificarlo, y comprobar con el tiempo que así como es fácil perder influencia, es difícil ganarla".

Cuando Slim es interrogado acerca de qué se siente ser el hombre más rico del planeta, Slim ha respondido que "se trata de un asunto que no tiene relevancia porque no es una competencia, no estoy jugando futbol". Al fin y al cabo, añade, "nadie se lleva nada de este mundo al morir". Sin embargo, ha afirmado una y otra vez que "la riqueza debe ser administrada con eficiencia, probidad, eficacia y sobriedad".

Carlos Slim vive, en general, distanciado de la mayoría de los ricos y poderosos. Desde hace cuatro décadas ocupa la misma residencia y ha dicho que de allí lo sacarán con los pies por delante. Ahora vive sólo, después de enviudar hace casi tres lustros y de que su primogénito dejara de acompañarlo después de contraer nupcias recientemente.

Según su opinión un hombre está en plenitud hasta los sesenta años para trabajar y disfrutar de la vida. No obstante, él se retiró de los consejos de administración de sus empresas antes de llegar a los sesenta años por motivos de salud. Pero sigue activo ocupando un cargo honorífico

155

como patriarca de su inconmensurable imperio. Incluso lo que ha llamado la atención es que para el tamaño de su fortuna se haya asignado un sueldo de tan sólo 25,000 dólares mensuales, un salario muy inferior al que perciben algunos ejecutivos de corporaciones transnacionales.

Realiza viajes por todo el mundo haciendo negocios y dictando conferencias, pero aun así se da tiempo para convivir intensamente con la familia, sus seis hijos y una veintena de nietos, así como con sus pocos y selectos amigos, muchos de ellos reconocidos intelectuales que se han dejado seducir por el magnate.

Cuando a algunos escritores cercanos al empresario como Gabriel García Márquez o Carlos Fuentes se les ha preguntado sobre si Carlos Slim los convoca, han respondido que son ellos los que buscan a Slim porque los "ilumina". Lo mismo solía decir Carlos Monsiváis —uno de los escritores más populares—, quien fue muy querido por el magnate.

En México no son poco los intelectuales y académicos de izquierdas y derechas que buscan a Slim. También es conveniente advertir que muchos tránsfugas de la academia y otros muchos intelectuales cansados de estar relegados a las bibliotecas y las aulas han tomado por asalto los medios de comunicación para alcanzar notoriedad y han asumido el "periodismo" como forma de vida y disfrutan el sentarse a la mesa de los ricos y famosos.

Algunos promotores culturales, como el escritor Fernando Benítez, han mantenido una estrecha relación con Slim. En un artículo escrito en 1996 y publicado en *La Jornada*, el cual tituló "Carlos Slim", Benítez contaba que su relación con el magnate se remontaba un poco antes del terremoto de 1985.

En este texto Benítez rememora:

Hace más de doce años conocí a Slim, y desde entonces he sido su amigo. A los pocos meses Carlos, con el mayor tacto, nos dio una suma importante a mí, a Guillermo Tovar y de Teresa y a José Iturriaga. Carlos sabía que éramos maestros investigadores de nuestra historia, tarea siempre muy mal recompensada, y nos ayudó en nuestra labor.

Carlos entonces era un notable empresario y un aficionado al arte. Hicimos un viaje inolvidable a las ruinas de Palenque, de Yucatán, Yaxchilán y el palacio pintado por los lacandones. Pasamos momentos muy hermosos.

Carlos compró con otros socios el viejo club de golf de Cuernavaca, que estaba a punto de ser lotificado y es el único espacio verde de esta ciudad. Me admiró el cuidado de sus árboles, sobre todo de un ahuehuete que estaba a punto de desaparecer, pero él cavó una pequeña laguna para salvarlo. Me decía: "Si en Chapultepec hicieran lo mismo los maravillosos ahuehuetes no morirían".

A mediodía comíamos en las mesas adornadas con primor por su mujer *Sumy*. En las noches platicábamos en el salón del club, donde el general Calles jugaba póker, y una vez que leíamos la revista *Forbes* vimos que Carlos figuraba con dos o tres mil millones de dólares. Yo grité: "¡Nunca pensé ser amigo de un hombre tan rico!"

El mismísimo Fidel Castro, inveterado seguidor de Carlos Marx, el filósofo del comunismo, terminó seducido por Carlos Slim. En algunos encuentros, entre charlas sobre las bondades del socialismo y el capitalismo, Castro y Slim llegaron a disfrutar juntos su afición por los puros. El magnate solía fumar de dos a tres Cohiba al día, sin embargo, dejó de hacerlo desde 2007, por razones de salud.

157

El líder de la Revolución cubana —que se supone es la antítesis del magnate— escribió un artículo en el diario *Granma,* en agosto de 2010, donde llenó de elogios a Carlos Slim. Según el comandante: "A pesar de ser el más rico de todos, con una fortuna que supera los 60,000 millones de dólares, es un hombre inteligente que conoce todos los secretos de las bolsas y mecanismos del sistema capitalista". Y reveló: "Carlos Slim me visitó siempre cuando fui a México y una vez me visitó en Cuba. Me obsequió un televisor —lo más moderno entonces— que conservé en mi casa hasta hace apenas un año. No lo hizo con intención de sobornarme. No le pedí nunca tampoco favor alguno".

Así como Fidel Castro, otras muchas personalidades han hablado de las virtudes de Carlos Slim, como William Clinton, el expresidente de Estados Unidos, con quien el magnate ha forjado una sólida amistad. Clinton ha elogiado el altruismo de Slim y los cientos de miles de empleos que ha generado con sus empresas. Juntos han viajado por el mundo dictando conferencias sobre desarrollo sustentable.

Carlos Slim goza de la aceptación en los círculos del poder y el dinero en Estados Unidos, algo nada fácil para un latinoamericano. Además, sorprende que sin identificarse con los patrones de hedonismo, agresión y desafío de la cultura norteamericana Slim es considerado un auténtico triunfador.

Felix Salmon, uno de los periodistas más respetados en Wall Street, al abordar el ascenso de Carlos Slim como el hombre más rico del planeta les confió a sus lectores:

> Usted puede ganar 1,000 millones de dólares al año durante toda una vida de trabajo y podría no llegar a ser tan rico como Carlos Slim: para conseguir ese tipo

de riqueza, no es suficiente ganar dinero. Usted necesita construir y poseer una compañía, idealmente… un monopolio. Pero mientras el monopolio de Microsoft era global, el de Slim es muy local —está confinado a México—. Y una parte muy importante de su riqueza viene de sus propiedades en otros países y otras industrias, donde no tiene ningún tipo de monopolio.

Pero así como hay voces autorizadas que le reconocen méritos, también hay quien lo critica de manera implacable, como Denise Dresser, una reconocida académica con fuerte presencia en los medios nacionales. Quien se ha referido a Slim como "el verdadero innombrable".

Con un doctorado en ciencia política por la Universidad de Princeton, especialista en política mexicana contemporánea y en las relaciones México-Estados Unidos, Denise Dresser se expresa así de Carlos Slim:

…Porque nadie duda del talento, del olfato, del sentido empresarial de Carlos Slim. Compró un monopolio y lo ha convertido en un imperio, decisión tras decisión, inversión tras inversión, adquisición tras adquisición. Ha sabido —ante todo— cuándo comprar y qué comprar…

Ha actuado con inteligencia y con sagacidad; ha actuado con un gran instinto del *timing* y con un gran sentido de la oportunidad. Ha entendido cómo opera la relación codependiente entre el gobierno y la clase empresarial y los medios y la ha explotado en su favor. De allí el éxito; de allí el reconocimiento; de allí el pedestal sobre lo cual lo ha colocado el país. El Midas mexicano: todo lo que toca se transforma en un millón más…

Es innegable que así como las cifras y datos en torno a los negocios de Slim abruman, su riqueza exponencial siempre será motivo de debate, sobre todo en México. Para muchos resulta intolerable que en un país en el que cuatro de cada diez personas viven en la pobreza exista un pequeño grupo de once archimillonarios con una fortuna de 130,000 millones de dólares, cifra que supera la reserva internacional de divisas, y que equivale al 12.4% del valor de todos los bienes y servicios producidos por la economía nacional.

Pero mientras los demás ricos mexicanos son cuestionados por su poder económico, especialistas y delegaciones de funcionarios de varios gobiernos buscan a Slim para conocer su opinión sobre temas financieros. No son pocos los funcionarios del más alto nivel y empresarios estadunidenses que buscan al magnate mexicano para encontrar una respuesta a la crisis que agobia a Estados Unidos, debida a los malos manejos financieros, la especulación y la corrupción, conjunto de factores que ha propiciado una crisis global sin precedentes.

Slim es visto como un gurú, por eso su presencia es imprescindible lo mismo en los foros multilaterales que en eventos empresariales de todo el mundo. Ésa es la diferencia frente a otros hombres que han ocupado la cima de los más ricos del mundo.

En los últimos tiempos Slim ha estado en el ojo del huracán. Cuando decidió retirar la publicidad de sus empresas de las televisoras comerciales (Televisa y TV Azteca) porque éstas se interponían en su interés por participar en el triple play, esto es, ofrecer servicios de telefonía, internet y televisión, le llovieron críticas y campañas de desprestigio, a lo que se sumaron multimillonarias demandas por parte de sus competidores. Lo cierto es que el grupo empresarial de Slim es quince veces más grande que lo que representan juntas Televisa y TV Azteca. En los tribunales el grupo de Slim ha dado una batalla sin precedentes y es muy probable que gane esta guerra.

La tecnología actual le permite a Slim ofrecer servicios de voz, video e internet en una sola conexión. En ese sentido las empresas de servicios integrados con las que Slim está asociado se han ido posicionando como el principal proveedor en dieciséis de los dieciocho países en que opera. Y en lo que es su principal negocio, la telefonía, cuenta con más de 230 millones de clientes desde Estados Unidos hasta Argentina los cuales representaron, para su compañía América Móvil, ingresos por 45,000 millones de dólares durante el año 2010.

Polémico, audaz, Carlos Slim mantiene cierta distancia de los medios. Muy contadas ocasiones concede entrevistas. A su oficina llegan todos los días solicitudes de periodistas de todo el mundo. Asimismo le llegan cartas de agradecimiento de todos los confines del país agradeciendo el apoyo que reciben de sus fundaciones. Le llueven cientos de invitaciones para hablar en foros internacionales y le ofrecen reconocimientos, pero Slim suele estar más interesado en el rally de las bolsas y los negocios.

El lugar más reservado y secreto del magnate es su bien iluminada y sobria oficina donde no faltan obras del escultor Auguste Rodin. En ese lugar ha tomado decisiones determinantes para el florecimiento de su imperio. Su mesa de trabajo se complementa con seis confortables sillones. En ese entorno destaca la escultura *Los últimos días de Napoleón,* del escultor suizo Vincenzo Vela, acerca de la cual Slim ha dicho a sus amigos y principales miembros de su staff que "está ahí para que no se olvide de que es necesario tener siempre los pies en la tierra".

Unos turistas que paseaban por Shangai mostraron su asombro cuando advirtieron que Carlos Slim estaba formado en una enorme fila, como cualquier otra persona, para entrar a ver una importante exposición internacional.

Slim se hacía acompañar por uno de sus mejores amigos. Esa misma escena podría haber ocurrido en Nueva York, París, Madrid o São Paulo. A este millonario le gusta caminar por todos lados, incluso en México. Cuando alguien lo descubre la multitud se aglutina en torno de él como si se tratara de una estrella de rock; unos le solicitan un autógrafo, otros se conforman con estrecharle la mano o tomarse una foto, pero muchos más quisieran en esos momentos recibir sus conocimientos para realizar algún negocio.

Mientras muchos empresarios se han confesado devotos de "El Arte de la Guerra", del filósofo chino Sun Tzu, cuyas máximas se han convertido en una especie de sagradas escrituras para las estrategias empresariales, Slim piensa que lo importante es tener empresas líderes.

Lejos de atribuirse todos los éxitos, sostiene que el cliente o el consumidor debe estar por encima de todo y para satisfacerlo es necesario contar con una gran organización que siempre debe buscar a los mejores. Esa forma de operar, que no ha variado de manera significativa en las últimas décadas, le ha permitido salir adelante pese a los diversos cambios políticos y marejadas financieras.

VII. DONDE HAY DINERO HAY DINASTÍA

△

Ricos y poderosos

En todo el mundo las fortunas, las excentricidades y los escándalos de los más ricos acaparan la atención de la gente. Carlos Slim no escapa a ese interés. Los reflectores de los medios lo enfocan constantemente en busca de notas de primera plana, esto a pesar de que conserva un perfil alejado de cualquier frivolidad. Padre de seis hijos y abuelo de una veintena de nietos, su tiempo pertenece a su familia, los negocios y las actividades filantrópicas. No obstante, a los de su círculo más cercano les ha confiado su preocupación por la enorme responsabilidad que recae sobre sus hombros al ser reconocido como uno de los personajes más influyentes y poderosos.

Otro millonario que atrajo los reflectores de los medios internacionales fue el naviero griego Aristóteles Onassis, quien solía decir que "un hombre rico no suele ser más que un pobre hombre con mucho dinero". Fue un personaje mítico que creó su propia leyenda. En su tiempo se convirtió en una celebridad no tanto por su dinero como por sus excentricidades y escándalos amorosos.

Nació en 1906 en Izmir, una pequeña aldea de Turquía, cuyo territorio fue anexado por Grecia. Su familia disponía de los medios suficientes para llevar una vida bastante cómoda; sin embargo, cuando los turcos recuperaron sus territorios, los Onassis, al ser de procedencia griega, fueron expulsados del país y sus propiedades confiscadas.

Hijo de un comerciante de tabaco, Onassis huyó de su país a los dieciséis años de edad tras la invasión de los turcos y se estableció en Buenos Aires. Y según contaba a sus amigos, arribó a la Argentina con sólo sesenta dólares. Uno de los primeros empleos que ejerció fue el de botones y telefonista en un hotel, donde aprendió a hablar el español; más adelante, según crecían sus intereses, aprendería otros idiomas.

Cansado de la mala paga, a los veinte años de edad decide comerciar con tabaco, mediante la importación desde Grecia a Argentina de las hojas sin procesar para los puros y cigarrillos, logrando así ahorrar sus primeros cien mil dólares. A los veintitrés años lo sorprendió la crisis de 1929, que azotó a Estados Unidos y convulsionó a todo el mundo. El instinto de Onassis lo llevó a tomar una decisión que lo haría un hombre rico: compró a muy bajo precio algunos cargueros de una naviera en quiebra, con ello inició y consolidó una gran fortuna antes de llegar a los treinta años de edad.

Cuando llegó a los cuarenta y ocho años se casó con Athina Livanos (Tina), de apenas diecisiete años, hija del naviero griego Stavros Livanos, con quien procreó dos hijos: Alejandro y Christina.

Pese a sus millones, Aristóteles Onassis no era un hombre feliz. Buscó fuera del matrimonio el amor y la felicidad con la soprano estadunidense de origen griego María Callas. A causa de sus infidelidades, Tina se divorció del magnate, se volvió alcohólica y finalmente se suicidó.

A su vez, Alejandro y Christina, hijos de Aristóteles y de Tina, perdieron la vida en accidentes. El primero en

1973, a los veinticuatro años, en un accidente de aviación y la segunda, en 1988, a los treinta y ocho años en una bañera, en circunstancias extrañas.

Al final de su vida Aristóteles dejó a María Callas por Jacqueline Kennedy, la viuda del expresidente de Estados Unidos, John F. Kennedy. Aristóteles falleció en 1975 a los sesenta y nueve años. Jacqueline Onassis guardó un luto convencional por la muerte de su marido, entre tanto sus abogados iniciaban los trámites para reclamar la tercera parte de la fortuna del magnate.

Los Rockefeller integran una de las familias más emblemáticas de Estados Unidos. El fundador de esta dinastía fue el mítico John Davison Rockefeller, el magnate petrolero, fundador de Standard Oil. Su visión sobre el triunfo era contundente: "Sobre la gran balanza de la fortuna, raramente se detiene el fiel; debes subir o bajar; debes dominar y ganar o servir y perder, sufrir o triunfar; ser yunque o martillo".

Cuando le preguntaban sobre cómo había hecho su fortuna, respondía con sarcasmo: "Como todos, no pagando impuestos".

El imperio de este legendario personaje se basó en controlar la extracción, refinación, transporte y distribución de más de 90% del petróleo de Estados Unidos construyendo un monopolio mediante inversiones en múltiples países. Consolidó a la Standard Oil como la compañía petrolera más grande del mundo durante casi medio siglo.

Nacido en 1839, fue un longevo millonario que llegó a los noventa y ocho años de edad. En sus inicios, a los dieciséis años, se desempeñó como bibliotecario, empleo al que renunció al asociarse con Samuel Andrews, uno de los precursores de la refinación del petróleo. Muy pronto desplazó a su socio y se independizó. Al llegar a los cuarenta años era ya un magnate.

Los Rockefeller nunca gozaron de prestigio y desde el inicio de la dinastía fueron señalados por no tener escrúpulos para hacer negocios. El descrédito de este clan fue tal que en alguna ocasión la Universidad de Columbia rechazó un donativo millonario por provenir de la Fundación Rockefeller.

John Rockefeller II, su heredero, fue acusado de hacer negocios con el caucho al vender a los nazis la fórmula patentada en Estados Unidos.

Otro manejo sospechoso de este personaje consistió en convencer al presidente Harry S. Truman de incluir dentro de las condiciones de paz con el rendido imperio japonés la creación de un organismo que legalizara el control de la natalidad en ese país, recurriendo al estímulo de esterilizaciones de mujeres.

Para restaurar su deteriorada imagen el clan de los Rockefeller se refugió en la filantropía aunque siempre unida a negocios productivos. Incluso llegaron a erigirse un monumento para buscar la celebridad, pues en medio de los altibajos de la gran depresión, entre 1930 y 1939, edificaron el famoso Rockefeller Center, o Radio City, en pleno Wall Street, el corazón de las finanzas mundiales.

Dentro de la tradición picaresca de la familia son muy conocidas las anécdotas provenientes de la tacañería del patriarca. Se cuenta, por ejemplo, que en cierta ocasión en el lujoso restaurante del Hotel Waldorf Astoria un camarero se quejó de la poca propina que dejaba John Davison Rockefeller. Al comentar que su nieto Nelson era mucho más generoso en ese sentido, el patriarca contestó: "Sí, pero mi nieto tiene un abuelo millonario. Yo no".

John Pierpont Morgan o JP Morgan, como era conocido, era famoso por su codicia y por su siniestra personalidad que se reflejaba en su mirada amenazante y su nariz desfigurada, lo que impresionaba a quienes lo llegaban a conocer personalmente. Aun cuando no tuvo mucho éxito con las mujeres contrajo matrimonio en dos ocasiones.

A pesar de su fea apariencia, JP Morgan (1837-1913) ha sido reconocido como uno de los banqueros más importantes de la historia y una de las personalidades fundamentales de Estados Unidos durante el siglo XIX.

Su padre, Junius Spencer Morgan, aunque nacido en Estados Unidos, desarrolló su carrera profesional en Inglaterra, desde donde buscó facilitar el acceso a créditos europeos para empresas privadas y el propio gobierno estadunidense.

Aunque la familia de los Morgan contaba con suficientes recursos económicos, Junius no sobreprotegía a su hijo JP Morgan. A pesar de que sus padres se percataron de que era un niño enfermizo, desde muy pequeño prepararon a JP Morgan para realizar viajes solo. Mucho antes de llegar a la adolescencia lo mandaron a la isla de Madeira a pasar un año entero para que el aire sano de esas islas le tonificara los pulmones.

La isla, ubicada en medio del océano, posee un bosque que ha permanecido casi intacto hasta nuestros días. Allí se encuentran algunas de las especies más raras de fauna y flora del planeta. Está considerada por la UNESCO como Patrimonio Natural Mundial.

El enfermizo Morgan estudió en el Colegio Inglés de Boston y en algunos de los colegios más exclusivos de Suiza, donde aprendió francés. Se dice que fue un magnífico estudiante. Más tarde se matriculó en la prestigiosa universidad de Göttingen en Alemania, donde destacó en todas las materias relacionadas con las ciencias exactas, específicamente las matemáticas. Cuando llegó a los quince años, sus padres lo hicieron viajar por Europa, y ahí comenzó su admiración por las obras de arte, convirtiéndose más adelante en su pasión.

JP Morgan consideraba que los idiomas eran muy importantes para los negocios y que, en ese mundo, era fundamental ser una persona culta. Esto lo llevó a viajar por toda Europa visitando museos, bibliotecas y asistiendo a conciertos. Cuando cumplió veinte años se graduó en la universidad y regresó a vivir a Nueva York, donde comenzó su carrera en el mundo de las finanzas, trabajando para Duncan, Sherman & Co., la representación estadunidense de George Peabody & Co., de la que su padre era propietario. Este trabajo le proporcionó una buena base para más tarde ocuparse de los negocios de su padre a través de su propia empresa, JP Morgan & Co., desde la cual comenzó a construir uno de los imperios industriales y financieros más impresionantes.

En 1890, a la muerte de su padre, JP Morgan quedó al frente de todas las empresas de la familia, con bancos en Inglaterra y Francia. Tres años más tarde fallece también su socio Anthony Drexel, otorgándole con ello calidad de administrador único del vasto imperio financiero.

En 1891 acordó la fusión de Edison General Electric y Thompson-Houston Electric Company para formar la conocida General Electric Company. Después de financiar la creación de la Federal Steel Company, fusionó la Carnegie Steel Company y varias compañías más del sector del hierro y del acero para formar, en 1901, la US Steel Company la que llegaría a ser la primera empresa del país, valorada en más de 1,000 millones de dólares. Más tarde se asoció con el empresario irlandés William Pirrie de la Harland and Wolff para fundar la International Mercantile Marine.

JP Morgan fundó, en 1871, la empresa Drexel, Morgan & Co., la mayor y más exitosa empresa de inversiones de Wall Street, la cual se convirtió en la fuente principal de financiación del gobierno de los Estados Unidos. También realizó fuertes inversiones en ferrocarriles. En 1900 poseía 5,000 millas de ferrocarril, restructuró el sector y estableció regulaciones que ni el propio gobierno fue capaz de redactar.

Su riqueza era tal que en 1912 controlaba el 70% de las fuentes de financiación del país, y sus empresas estaban valoradas en más de 25,000 millones de dólares. Fue sometido a investigación por monopolizar gran cantidad de sectores, pero alegó que su imperio era el fruto de la nueva economía.

En 1913 falleció el legendario JP Morgan, quien dejó como legado su colección de arte al Museo Metropolitano de Arte de Nueva York.

Jean Paul Getty, uno de los hombres más ricos del mundo, se hizo célebre por su tacañería. Getty, oriundo de Minnesota, nació y se hizo inmensamente rico invirtiendo en petróleo. Fue uno de los primeros en amasar una fortuna superior a los 1,000 millones de dólares. Fundó la petrolera Getty-Oil después de comprar y fusionar una serie de pequeñas compañías. Sus herederos la vendieron poco después de que falleciera a Texaco. Llegó a establecer más de 200 empresas y acumuló una riqueza superior a los 3,000 millones de dólares.

Fue un incansable coleccionista de arte, por afición y por negocio. Le gustaba vivir en grandes mansiones y castillos adonde ordenaba instalar teléfonos de monedas para evitar las llamadas por parte del servicio y de sus invitados.

Su fama de tacaño trascendió luego del secuestro de su nieto J. Paul Getty III cuando éste estudiaba en Italia. El secuestro ocurrió el 10 de julio de 1973, en Roma; los delincuentes exigían el pago de 17 millones de dólares por el rescate. El magnate llegó a pensar que se trataba de un autosecuestro de su propio nieto para conseguir dinero, sin embargo, la policía italiana corroboró que se trataba de un secuestro real.

El millonario se negó a pagar a los secuestradores aduciendo que tenía catorce nietos más, y que si en ese momento cedía, en el futuro podría ser víctima de más extorsiones. Ante la negativa de la familia Getty, los secuestradores hicieron llegar a un periódico italiano un mechón de cabello y la oreja derecha del muchacho. El mensaje adjunto amenazaba con enviar la segunda oreja en un plazo de diez días, si no eran atendidas sus exigencias.

Getty aceptó negociar a regañadientes. Se negó a pagar los 17 millones de dólares que los captores de su nieto exigían y pactó un pago de "sólo" dos millones. A los administradores de su fortuna les pidió que esa cantidad le fuera entregada a su hijo en calidad de préstamo, para que después le fuera devuelta en "cómodos" pagos con un interés del 4%.

Según *Forbes* en todo el mundo existen 1,200 archimillonarios. Uno de ellos es el estadunidense Donald Trump, quien jamás ha estado en el *top ten*, pero es un personaje mediático de cierta trascendencia. Se hizo rico con los negocios de bienes raíces y aparece, desde hace varios años, en el programa televisivo *The Apprentice*, el cual alcanza importantes audiencias.

Es famoso por sus escándalos amorosos y sus dislates. Ante algunos periodistas dijo que las parejas del mismo sexo "no deberían poder casarse", y opinó que el gobierno no les debería ofrecer los beneficios asociados al matrimonio, en el terreno fiscal y hereditario.

En otro de sus deslices anunció que buscaría participar como candidato en las elecciones presidenciales de

2012. Tal vez por ese tipo de ocurrencias su impopularidad es cada día mayor, por lo que numerosas asociaciones y grupos de activistas han emprendido campañas para boicotear sus programas, además de no comprar los productos de los anunciantes que financian sus emisiones, y han extendido el boicot a todas las empresas en las que Trump participa.

Desde luego, existe otro tipo de millonarios cuyo talento y generosidad se ha comprometido con las causas sociales.

Warren Buffett, Bill Gates y Carlos Slim forman el trío de los más ricos del mundo. Los dos primeros han lanzado una convocatoria a la que han llamado "El Compromiso de Dar" (Giving Pledge), para que los más ricos de Estados Unidos y de todas partes del mundo se comprometan a donar al menos el 50% de su fortuna antes de morir o por medio de su testamento.

La convocatoria ha sido un éxito. Gates, cofundador de Microsoft, fue quien dio el ejemplo al prometer donar la mitad de su fortuna para fines benéficos y lo secundó Buffett, quien prometió donar el 99% de su fortuna, misma que asciende a cerca de 50,000 millones de dólares.

Al llamado de Gates y Buffett se unió el fundador de Facebook, Mark Zuckerberg, y dieciséis de las personas más ricas de Estados Unidos, a los que después centenares de millonarios de Estados Unidos y de otras partes del mundo se han ido sumando.

Entre los millonarios que se unieron al "Compromiso de Dar" se encuentran: el cofundador de AOL Steve Case; el magnate del petróleo T. Boone Pickens; el empresario Thomas Monaghan, expropietario de Dominos's Pizza, dedicado por entero a la filantropía; el inversionista Ronald Perelman, quien desde 2002 ha donado más de 200 millones de dólares a causas sociales; la pareja millonaria Eli y Edy Broad se comprometieron a dar el 50% de su fortuna; el cofundador de Microsoft, Paul Allen, preside la Family Foundation de obras de caridad. También George Lucas, ubicado en la posición 61 de los hombres más ricos del mundo según *Forbes*; Ted Turner, fundador de la famosa cadena CNN, quien ha puesto sus millones al servicio de la caridad y el millonario fundador de Oracle, Larry Ellison, cuya fortuna asciende a 28,000 millones de dólares.

Si bien Carlos Slim Helú no se sumó a este proyecto, porque desde su perspectiva los problemas sociales "no se resuelven regalando dinero", además de manisfestar que no se siente Santa Claus, ha optado por destinar la cuarta parte de su fortuna para proyectos sociales, a través de sus fundaciones y de otras organizaciones internacionales como la que encabeza el expresidente de Estados Unidos William Clinton.

La historia de los hombres más ricos está rodeada de mitos y pocos estudiosos han profundizado en el análisis serio de estos personajes. Daniel Alef, un hombre polifacético (escritor, abogado, empresario y catedrático) se ha dado a la tarea de seguir las vidas de centenares de hombres y mujeres que han destacado por sus fortunas en Estados Unidos. En esa tarea ha seguido los pasos de los Rockefeller, los de los Morgan y los nuevos ricos como Mark Zuckerberg y Steve Jobs, entre muchos otros.

De acuerdo con este seguimiento, Daniel Alef ha logrado establecer un denominador común en la gran mayoría de estos personajes. Muchos abandonaron los estudios y optaron por el título de millonarios. Muchos provenían de familias rurales e interrumpieron sus estudios después de la adolescencia en busca del sueño americano.

De acuerdo con las premisas del investigador, la

educación universitaria no es un requisito necesario para triunfar en los negocios, aunque muchos de ellos reconocen que su formación académica fue básica para triunfar; otros consideran que es un referente circunstancial como Steve Jobs, que estudió en Reed, o Bill Gates en Harvard, Brin y Page en Stanford, Bezos en Princeton y el joven Zuckerberg en Harvard. Si bien algunos dejaron sus estudios a medio camino, pudieron haber triunfado como profesionistas.

Daniel Alef señala que quienes tuvieron acceso a las universidades supieron aprovechar al máximo el valor de las redes de contactos de las prestigiosas casas de estudio. Es el caso de Brin y Page, los célebres fundadores de Google, quienes recibieron el apoyo de un inversionista para desarrollar su proyecto. Uno de sus profesores de Stanford fue la pieza clave; éste, junto con el inversionista, aportaron, cada uno, 100 mil dólares, mucho antes de que Google existiera en el papel.

Pero lo anterior no significa que sólo por haber pasado por una universidad de prestigio se tenga asegurado el éxito empresarial.

Para los autores de *The Millionare Next Door*, Thomas J. Stanley y William D. Danko, cerca del 80% de los estadunidenses han logrado su riqueza a través de la acumulación de un dólar a la vez, trazando y siguiendo un plan para volverse millonarios, con mucha autodisciplina, habilidades y sin perder el enfoque de sus objetivos.

Lo importante es dar el primer paso, pues el primer millón de dólares es el más difícil de conseguir.

VIII. El legado

△

Los herederos del imperio

Carlos Slim Helú pasará a la historia como uno de los más grandes empresarios. De eso no hay duda. Chinos y japoneses lo ven con admiración. En Estados Unidos se ha ganado el respeto de los grupos de poder. En Europa es visto como una celebridad. Son contados los hombres que poseen un poderoso magnetismo, que lo mismo atraen admiradores y detractores. Slim es uno de ellos.

Seguramente será recordado por su toque emprendedor y por haber sido uno de los hombres más poderosos del mundo, por su influencia y por su dinero. Pero más allá de ser considerado el hombre más rico del planeta, Carlos Slim será recordado por su honestidad y su congruencia. Eso es lo que opinan de él sus principales amigos, entre ellos destacados intelectuales, líderes políticos, empresarios, deportistas y jóvenes universitarios.

"¿Cómo pasará a la historia Carlos Slim?", le pregunté al magnate, alguna tarde, mientras charlaba y disfrutaba un par de tazas de café en su despacho. Sin inmutarse, Slim me contestó: "No me interesa que me construyan un monumento, que coloquen una placa o que me den un premio por lo que hago". Evidentemente trata de no pensar en cómo le gustaría ser recordado.

"En el plano personal, lo que me preocupa es el futuro de mi familia, mis hijos, mis nietos; que estén unidos, que se amen, que sean positivos para ellos mismos y para la sociedad. Ésa es mi principal preocupación. Por lo demás no me preocupa cómo me van a recordar o si me van a recordar de una u otra manera. Mis hijos y mis amigos se van a acordar muy bien de mí".

"En todo caso, ¿cuál sería su legado?", atajé.

"Mi principal legado serán mis hijos", respondió. "Muchos piensan dejar un país mejor para sus hijos, yo pienso dejar mejores hijos para mi país.

"Muchas veces me han preguntado si les voy a dejar dinero a mis hijos. Yo creo que cuando les dejas una empresa les dejas trabajo, responsabilidad y compromiso, y cuando les dejas dinero, no sé cuánto, lo que sea, cien millones, 50, 30 o 20, se los dejarías sólo para que estén de ociosos ¿no?; es distinto, porque cuando tú tienes una empresa que debes administrar, aunque haya un director ajeno, es un trabajo, es una responsabilidad, es un esfuerzo y un compromiso con la empresa, contigo mismo y con el país para generar riqueza, no es tener en caja no sé cuánto dinero para gastárselo y vivir rascándote la panza todo el año, toda la vida".

Slim les ha enseñado a sus hijos que "hay que hacer las cosas durante nuestra vida y que debemos ser eficientes y cuidadosos y responsables en el manejo de la riqueza".

Para Carlos Slim los valores familiares han sido determinantes en su vida y éstos han sido transmitidos a sus descendientes y herederos.

"Mi papá nos dio una educación basada en valores bien definidos. Fue una persona de carácter cariñoso y de valores muy sólidos que le brindó siempre a la unión familiar un lugar prioritario en su vida, logrando establecer en

176

ella una grata armonía, principios de honradez, sinceridad y una honda preocupación por México."

Don Julián Slim no le daba mucha importancia a las cosas materiales, sino a las que realmente tenían trascendencia. Su papá, dice, fue una persona muy cercana a él, lo mismo que su madre, doña Linda Helú, quien fue una mujer con mucha personalidad y muy ordenada. Sus padres, —añora el magnate— "eran gente de amplio criterio y con grandes valores humanos. Eso es lo que yo he transmitido a mis hijos, por eso digo que ése será mi principal legado".

Ser millonario en un país de enormes contradicciones sociales, es más que una carga un pecado. Desde luego, porque México arrastra un pasado y carga un presente de enormes injusticias. El hecho de que Carlos Slim sea el hombre más rico del mundo desde México ha despertado un interés inusitado y más cuando Estados Unidos monopolizaba el ranking de los hombres más ricos, mucho antes de que la revista *Forbes* se diera a la tarea de hacer un recuento de los personajes más adinerados del planeta.

En cierta ocasión, los editores de la revista de negocios más importante de nuestro país me planteó la interrogante: "¿Cómo se recordará a Carlos Slim dentro de cien años?". Les respondí que Carlos Slim junto con Bill Gates y Warren Buffett formaban el trío de millonarios más ricos de las últimas décadas, pero que el magnate mexicano superaba no sólo por su dinero, sino por su influencia, al creador de Microsoft, lo mismo que al dueño del fondo de inversión The Warren Buffett Mutual Fund, por ser Slim uno de los seis hombres más poderosos del mundo, de acuerdo a un listado de la revista *Forbes*.

Respondí también que si dentro de un siglo un periodista tuviera la tarea de contarle a sus lectores quién era

Carlos Slim en el año 2011, se encontraría con un empresario mexicano de un perfil de conquistador moderno, cuyo imperio económico se extendía a una veintena de países, incluido Estados Unidos.

El investigador, seguramente, querría enlistar los secretos de este gurú financiero que lo llevaron a ser el hombre más rico del mundo, pero encontraría sólo uno: negociar de manera inflexible hasta el último centavo.

Para dentro del siglo XXII, la dinastía de los Slim habrá llegado a la octava generación desde que esta familia libanesa dejó su país a finales del siglo XIX para venir a México. En la actualidad son cuatro las generaciones de los Slim en nuestro país, y el magnate ya tiene bien trazado el futuro de su familia.

En uno de mis encuentros con el fundador del Grupo Carso, me confió que deseaba que Telmex, que durante un buen tiempo fue la joya de la corona de su imperio, antes de que cediera ese lugar a América Móvil, se quedara en manos de la familia, cuando menos durante dos generaciones más.

El mayor de los herederos, su hijo Carlos Slim Domit, junto con sus hermanos, hizo saber que todos ellos asumieron el compromiso de que esta empresa seguirá siendo mexicana por ser "un soporte estratégico para la nación".

Esa mentalidad y esa visión para los negocios es la que Carlos Slim les ha transmitido a sus descendientes.

Quien escriba sobre Carlos Slim dentro de cien años no podrá ignorar que fue un hombre de negocios empeñado en recuperar la dignidad y la autoridad de los empresarios que generan riqueza al crear empleos y combatir la pobreza, a diferencia de quienes en los tiempos de crisis sacan sus capitales del país.

A Slim se le recordará como uno de los filántropos mexicanos más importantes, y como un hombre de rasgos humanos esenciales que se reflejan en la promoción de la donación de órganos, ya que su familia sufre de enfermedades renales. También será recordado como un empresario comprometido con México que, pese a cualquier guerra o crisis, mantuvo sus inversiones y a sus familiares en el país, como lo hizo el patriarca de su familia, quien no dejó de invertir en tiempos de la Revolución mexicana, ni en las crisis financieras subsecuentes.

A Carlos Slim Helú lo ubicarán como un hombre que invirtió cantidades millonarias para que la tecnología estuviera al alcance de todos, gracias al sistema de prepago con el que también construyó su negocio más rentable: América Móvil. También por haber promovido las ciencias médicas para que la curación de enfermedades fuera más sencilla y accesible.

Será recordado como un hombre de su tiempo que promovió una nueva civilización con el uso de las tecnologías, apoyado en la visión del futurólogo Alvin Toffler, uno de los primeros intelectuales en anticipar la llegada de la era de la información a finales del siglo XX y analista de las nuevas tecnologías en la sociedad, gobierno y empresa; así como de Nicholas Negroponte, una de las mentes más brillantes del MIT (Instituto Tecnológico de Massachusetts), quien ideó el programa One Laptop per Child, a través del cual Carlos Slim dona computadoras de 100 dólares a niños que viven en países en vías de desarrollo.

Una de las interrogantes que suelen hacer algunos analistas y muchos periodistas es: ¿qué va a pasar con el imperio de Carlos Slim cuando decida retirarse o ya no esté aquí?

Carlos Slim no deja nada a la improvisación. Si bien el magnate es uno de los personajes más mediáticos de los negocios en el mundo, mucho antes de anunciar su retiro, por motivos de salud, de los consejos directivos de sus empresas, ya venía preparando a sus herederos para administrar sus negocios y continuar generando riqueza. A los hijos del ingeniero les ha tocado ver el abarrote.

Lo mismo hizo su padre, don Julián Slim Haddad, quien fue formando a Carlos Slim Helú desde muy pequeño. El magnate ha dicho que fue su padre quien le ayudó a descubrir su vocación empresarial. Su padre lo adiestró en el manejo del ahorro y las inversiones, como a sus demás hermanos, pero Carlos era quien acompañaba siempre a don Julián. Los fines de semana acudía con él a la Estrella de Oriente y cuando su padre fungía como el anfitrión de sus amigos en casa, el pequeño Carlos solía estar atento a las tertulias, "eran personas muy sabias de las que aprendí mucho", recuerda Slim. Fue a partir de esos encuentros que nació su vocación empresarial, que puso en práctica a los diez años de edad, poniendo una tiendita abajo de las escaleras de su casa, donde los fines de semana les vendía dulces y refrescos a sus tíos y a sus primos.

El magnate ha hecho lo propio con sus hijos, a quienes les ha ido transmitiendo sus enseñanzas. Por ejemplo, cuando Carlos, Marco Antonio y Patricio eran adolescentes, el ingeniero Slim los reunía en la biblioteca de la casa para darles lecciones de economía, les presentaba una lista escrita a mano con algunos ejemplos de cómo una compañía aseguradora mexicana vendía a precios más bajos que una empresa similar estadunidense, o comparaba la drástica devaluación de los fabricantes mexicanos de dulces y cigarrillos frente a los fabricantes europeos.

Incluso a principios de los ochenta el ingeniero solía llevar a su primogénito a las sesiones de la Bolsa de Valores. Carlos Slim Domit recuerda así las enseñanzas de su papá:

"Mi padre siempre nos incluyó en su proyecto de negocios. Desde muy jóvenes platicaba con nosotros sobre los problemas dentro de las empresas y de las soluciones; es un proceso que compartimos desde hace muchísimos años".

Gracias a esas enseñanzas los hijos de Carlos Slim han tomado decisiones fundamentales para su grupo empresarial. Algunos colaboradores recuerdan cómo Carlos Slim Domit, el hijo mayor del empresario, fue capaz de asociar una caída en los márgenes de ganancia en una de sus 200 tiendas al aumento de la cuenta eléctrica. "Esa obsesión por el detalle se la ha enseñado a sus colaboradores y a sus hijos, que la transmiten a toda la organización."

Slim le ha transmitido a sus hijos los consejos que le daba su padre: las razones del éxito comercial son simples: vocación, talento y trabajo.

"Mi padre", cuenta el ingeniero Slim, "me inculcó principios morales y de responsabilidad social muy claros. Actuar con la más estricta moralidad y honradez."

"Debo afirmar que desde el principio conté con el apoyo familiar, el cual no se limitaba a lo material, sino principalmente al ejemplo y la formación. A fines de 1952, cuando yo tenía doce años, y con el fin de administrar nuestros ingresos y egresos, mi papá nos estableció la obligación de llevar una libreta de ahorros, que revisaba con nosotros cada semana. Siguiendo esta regla, llevé mis balances personales varios años. Así, en enero de 1955, mi patrimonio era de 5,523.32 pesos, y para agosto de 1957 aumentó a 31,969.26 pesos; siguió creciendo, invertido fundamentalmente en acciones del Banco Nacional de México, y usando en ocasiones crédito, de manera tal que para principios de 1966 mi capital personal era mayor a 5'000,000, sin incluir el patrimonio familiar".

Si bien Carlos Slim ha sembrado la semilla de esos principios en sus hijos, está claro que sus herederos están preparados, desde hace un buen tiempo, para tomar las riendas del imperio y proseguir con la expansión.

Carlos, Marco Antonio y Patricio tienen varios puntos en común: son carismáticos y sociables y entre ellos no hay rivalidad, los tres dicen que se complementan y que eso les ha dado buenos resultados.

Dice el ingeniero Caros Slim: "Si mis hijos hubieran querido ser boxeadores o atletas tendrían que haber competido entre ellos. Pero en la vida real para conseguir tu felicidad no necesitas competir contra nadie.

"Yo creo que todos en la vida tenemos vocaciones", dice Slim, "hay algunos que tienen vocación de toreros, otros de cura, otros de doctor, otros de periodista, a mí, desde niño, me gustaban las inversiones".

Los hijos del ingeniero han declarado que su padre jamás los presionó para que trabajaran por compromiso y tampoco les dijo qué deberían de hacer.

"Siempre tuvimos libertad para estudiar lo que quisimos, para estudiar o no estudiar, para trabajar o no trabajar en el grupo o hacer otras cosas. Además, la educación de mis padres fue hacer las cosas por gusto y responsabilidad, más que por ambición. Mi papá dice que es peor hacer algo que no te gusta: te haces daño a ti y le acabas haciendo daño a las empresas. Si no sientes que estás en un lugar donde te estás desarrollando mejor dedícate a otra cosa", dice Carlos Slim Domit, el mayor de los hijos del magnate.

Carlos hijo empezó a trabajar para su padre desde muy joven y, como los otros dos herederos, estudió administración de empresas en la Universidad Anáhuac. Los tres están conscientes de que sobre sus hombros recae una enorme responsabilidad. Marco Antonio tiene una enorme pasión por las matemáticas y es considerado el financiero de la familia, dirige el Grupo Financiero Inbursa, uno de los más grandes en el país, dedicado a la administración y custodia de activos superiores a los 20 mil millones de dólares. Patricio, el benjamín de la casa, trabaja con su cuñado Daniel Hajj en América Móvil y todo lo relacionado al área de telecomunicaciones, y desde que llegó a la presidencia de esa empresa los valores de la misma se han más que triplicado y es considerada como una de las principales fuentes de riqueza de la familia.

Para explicar el porqué de la transición de los mandos de su imperio a sus hijos, el ingeniero Slim hizo la siguiente explicación en términos coloquiales en comparación con el beisbol:

"No son posiciones que mis hijos se han ganado simplemente por ser ellos. En beisbol, ¿qué haces si le estás lanzando a tu hijo?... ¡Lo ponchas! Y si estás bateándole a tu papá o a tu hermano, ¿qué haces? Es un tema de responsabilidad. En cada lugar, si tú tienes la responsabilidad de estar bateando, tratas de meter un hit o meter una carrera, aunque sea tu papá o tu hermano. Creo que el problema es cuando los puestos se dan por ser hijos, o los malos puestos se dan por ser hijos, o se exige al hijo tener una responsabilidad que no va con su interés, o su personalidad, o su talento, o su gusto, o su esfuerzo".

Así, el mayor de los herederos, Carlos Slim Domit, recorrió durante su formación todos los rincones de las empresas de su padre, se empapó y creció en el área de operaciones financieras de Inbursa, se metió de lleno al negocio de los hoteles, las fábricas de papel, la cadena Sanborns, las tiendas departamentales y Telmex.

"Creo que la gente no sintió mucho el cambio. El estilo de liderazgo de mi padre y el mío son muy semejantes y mi prioridad ha sido que el Grupo conserve sus valores. La transición ha sido muy normal. Por ejemplo, a nosotros nos preocupa mucho que todos se sientan bien en lo que hacen y que haya comunicación entre las áreas. Eso nos ayuda a evaluar constantemente los procesos y conocer a ciencia cierta todas las posibilidades de éxito o de fracaso de alguna inversión."

La decisión del ingeniero Slim de confiarles el éxito de sus empresas a sus hijos parecería una determinación de mucho peso para un trío de jóvenes. En un principio se dejaron escuchar algunas críticas, pero lo cierto es que los herederos han seguido haciendo crecer el grupo empresarial. Los tres hermanos han dado sobradas muestras de su liderazgo, y saben que cargan con la responsabilidad en el inicio de una nueva etapa de su dinastía.

"Nuestra filosofía, dice Carlos hijo, "se basa en algunos principios básicos: tener una operación eficiente y productiva, además de una solidez financiera. Cuidamos mucho la parte financiera, sobre todo en los mejores momentos, que es cuando las empresas se descuidan y se hacen inversiones inviables o toman decisiones equivocadas."

Desde finales de los noventa las empresas venían preparándose para el cambio y todos sabían que la responsabilidad recaería en los hombres de la familia.

"Creo que a veces, cuando tienes éxito en los negocios, tienes a otros tratando de voltear a la opinión pública en tu contra porque están tratando de competir contigo", dice Carlos junior.

Sin embargo, una de las visiones más valiosas de Carlos Slim ha sido el compartir el diseño de las estrategias de su emporio con consejos de administración y direcciones integrados por líderes de diferentes sectores y su familia más cercana, con lo que ha logrado versatilidad, delegación, continuidad y expansión.

Si bien desde principios de los noventa el ingeniero Slim había dicho que figuraría de manera simbólica en los consejos de administración de sus empresas, en realidad ha seguido tomando las principales decisiones de su grupo empresarial, pese a que han cambiado los consejos directivos en sus empresas, las que ahora presiden sus hijos.

La decisión de llevar a cabo el relevo generacional ocurrió a partir de que Carlos Slim Helú enfrentó un severo problema de salud, en diciembre de 1992. El magnate fue llevado de emergencia a un hospital en Houston, debido a un aneurisma aórtico, donde un equipo de especialistas procedió a extraerle la sangre que había invadido por fuera su corazón, y en unas cuantas horas se restableció.

De nueva cuenta, en octubre de 1997, le fue realizada otra operación por una hemorragia, al botarse la sutura de la primera intervención. Una cantidad importante de transfusiones sanguíneas le fueron suministradas a Slim. Tres veces se les "fue" a los médicos que lo atendieron en aquella ocasión, incluso uno de los ahí presentes salió del quirófano para "anunciar" que Carlos Slim había fallecido. Pero el ingeniero milagrosamente volvió a la vida y se mantuvo en recuperación durante tres meses y medio, lo cual provocó una serie de rumores en los que se llegó incluso a especular sobre el "fallecimiento" del magnate.

La experiencia de estar al borde de la muerte lo hizo reconsiderar su propio estilo de hacer negocios. Ya restablecido, Carlos Slim convocó a una junta con su staff y anunció cambios en la dirección de sus empresas. Puso al frente a sus hijos y yernos, y él quedó como presidente honorario y vitalicio de su imperio, de esa manera estaría al tanto de las decisiones estratégicas de Carso, y se mantendría como presidente de los consejos de administración de Telmex, Carso Global Telecom y de Grupo Financiero Inbursa.

Aun cuando la decisión de los cambios de dirección ya estaba tomada desde antes de su intervención quirúrgica, éstos se hicieron hasta noviembre de 1998. Así, Carlos Slim Domit pasó a ocupar la dirección general del Grupo Carso y del Grupo Sanborns; Patricio Slim Domit fue asignado a la dirección general de Condumex-Nacobre y todas las actividades fabriles e industriales derivadas de esas compañías y Marco Antonio Slim Domit quedó al frente del Grupo Financiero Inbursa y filiales. A la cabeza de Telmex se puso a Jaime Chico Pardo y como asesor de la dirección general de Teléfonos de México fue designado el yerno de Slim, Arturo Elías Ayub, quien a la vez ocupaba la presidencia del consejo de administración de T1msn. Otro yerno de Slim, Daniel Hajj, había sido nombrado director general de Telcel desde 1995, la poderosa compañía de telefonía celular. Después pasó a América Móvil, donde trabaja codo a codo con Patricio Slim Domit.

Los cargos se han rotado, pero a partir de 2010 los consejos directivos de las principales empresas los ocupan Carlos, Marco Antonio y Patricio.

La principal recomendación que Slim les ha dado a sus herederos "es mantenerse alejados siempre de los políticos".

"Yo creo", dice Carlos Slim, "que el empresario debe trabajar en sus empresas y ser ajeno a proyectos y planes o inquietudes políticas. Yo no pertenezco a ningún partido político ni pienso pertenecer."

El magnate asegura que sus hijos están "vacunados" contra las tentaciones del poder político. Aunque han hecho algunas declaraciones en torno a la transición que ha venido experimentado el país en los últimos años.

Carlos Slim Domit, el mayor de los hermanos, considera que el relevo del PRI en el poder por parte del PAN ha demostrado que no hay grandes diferencias en las propuestas en el ámbito económico; el segundo de los herederos, Marco Antonio, siente que el cambio es parte de una inercia muy fuerte que difícilmente tomará otro rumbo. Además, considera que es una tendencia global. Patricio, el menor de los varones, sostiene que el cambio de régimen era lo más viable.

Definida la transición en los mandos del imperio Slim al proyecto empresarial se han ido sumando ejecutivos que no tienen ningún parentesco con la familia y han escalado hasta lo más alto; durante el proceso muchos familiares han quedado fuera simplemente porque no servían. Aunque, en general, el clan Slim trabaja más que nadie, como ocurre con Daniel Hajj, el yerno del ingeniero, uno de los ejecutivos con mayor autoridad dentro de la dirección de América Móvil y uno de los que mejor tienen puesta la camiseta. Hajj es de los primeros en llegar y uno de los últimos en retirarse.

Desde finales de los noventas el imperio Slim ha generado un equipo gerencial y de cuadros medios bajo el mando de los herederos que ha permitido mantener el crecimiento. Los herederos y los nuevos ejecutivos transmiten la disciplina y los valores que están detrás de la eficiencia operativa de las compañías de Slim.

Sobre los hijos de Carlos Slim Helú recae una enorme responsabilidad: continuar con la expansión y sostenimiento de su vasto imperio. Carlos, Marco Antonio y Patricio son los herederos de la fortuna más grande del planeta. Los tres han contribuido a consolidar sus negocios. Son multimillonarios, famosos y tienen un apellido que seguramente les abrirá las puertas en todos los ámbitos. Los tres ocupan cargos clave en su organización empresarial; de ellos depende la prolongación de una de las dinastías más importantes del mundo.

Esta obra fue impresa y encuadernada en el mes de octubre del 2011
en los talleres de Litográfica Ingramex, S.A. de C.V.
que se localizan en la calle de Centeno 162-1,
colonia Granjas Esmeralda, México, D.F.